어린이 과학 형사대

CSI 특별수사단

테러범의 정체를 밝혀라!

어린이 과학 형사대

CSI 특별수사단

테러범의 정체를 밝혀라!

글 고희정 그림 김준영

3

등장 인물
한마리 (팀원, 15세)
CSI 3기 형사. 국립형사학교 학생. 생물학과 첨단의학 분야에 뛰어난 지식을 갖고 있으며, 자립심이 강하고 긍정적이며 이해심 깊은 성격이 매력이다.
강태산 (팀원, 15세)
CSI 3기 형사. 국립형사학교 학생. 물리학과 첨단기술 분야에 뛰어난 지식을 갖고 있으며, 잘생긴 외모에 감정 표현을 잘 안 하는 차도남이지만 알고 보면 따뜻하다.
차루이 (인턴, 12세)
CSI 최초의 인턴 형사. 장래희망은 CSI 정식 형사. 프랑스어, 이태리어, 독일어에 능통하고, 컴퓨터와 첨단네트워크 분야에 전문적인 지식을 갖고 있다.

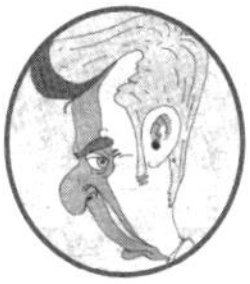

장 폴 드롱 박사

노벨생리의학상 공동 수상자이자,
김대한 박사의 동료

피에르

드롱 박사의 제자이자,
합성생물학연구소 선임연구원

김대한 박사

우리나라 최초의
노벨생리의학상 수상자

양철민 (팀장, 23세)

CSI 2기 형사. 일본 최고의 사립 탐정.
어린이 형사학교 졸업 후 일본으로 유학,
사립 탐정으로 맹활약해 왔다.
엉뚱하고 수선스럽지만 범인 잡는
것만큼은 최고다.

이요리 (단장, 25세)

CSI 1기 형사.
우리나라 최고의 요리 연구가.
프랑스어에 능통하고, 유럽 정세에 밝다.
뛰어난 머리와 수사력, 냉철한 판단력,
따뜻한 마음씨까지 갖췄다.

위고 마르탱 (36세)

프랑스 경찰특공대 대테러팀 팀장.
잘생긴 외모에 좋은 머리,
날카로운 감각을 갖춘
프랑스 최고의 인기 형사.
형사로서 자부심이 강하고,
원리원칙을 따르는 스타일이다.

차례

김대한 박사를 납치한 반과학단체 WC.
과학과 기술의 발전이 인류를 멸망에 이르게 할 것이라 주장하며
오히려 최첨단 과학기술을 이용해 끔찍한 테러를 저지르고 있는데…….
조금씩 드러나는 수상한 사람들과 WC의 정체.
CSI 특별수사단은 WC를 소탕하고 김대한 박사를 구할 수 있을까?

1장

피에르를 추적하라!

의문은 꼬리를 물고

드롱 박사와 피에르. 이들은 WC로부터 협박을 받고 있는 것일까? 아니면 정말 WC와 어떤 관련이 있는 것일까? 한번 의심하기 시작하자, 의문은 꼬리를 물고 계속 이어졌다. 철민이가 말했다.

"연구 자료 삭제 사건 때 나성현이 한 얘기 있잖아요. 피에르가 드롱 박사한테 섭섭한 일이 있었다고요."

피에르가 대학 교수로 갈 기회를 드롱 박사가 막아서 피에르가 무척 화가 났었다고 했다. 그래서 처음에는 피에르가 연구 자료 삭제와 관련이 있지 않을까 의심하기도 했다. 마르탱이 고개를 저으며 말했다.

"피에르는 알리바이가 확실했어요. 그 시간에 여자 친구와 만난 게 확인됐고, 별다르게 의심할 만한 부분도 없었고요."

태산이가 물었다.

"그 사건 이후로 연구소는 어떻게 됐죠?"

마르탱이 대답했다.

"아직 공식적으로 발표된 건 아니지만 거의 문을 닫은 걸로 알고 있어."

드롱 박사도 이래저래 충격이 컸고, 연구 자료마저 몽땅 사라진 터라 드롱 박사가 문을 닫는 걸로 결정을 내렸다는 것. 그래서 연구원들도 뿔뿔이 흩어졌다고 한다. 노벨상 수상자를 배출한 세계적인 연구소가 이렇게 허무하게 문을 닫게 되었다니, 정말 안타까운 일이다. 마리가 의견을 냈다.

"다른 연구원들을 만나서 피에르에 대해 좀 더 알아보는 게 어떨까요?"

마르탱과 요리가 동의했다. 그래서 내일 마르탱 팀은 프랑스인 연구원 두 명을 만나고, CSI는 나성현 연구원과 다른 두 명의 외국인 연구원들을 만나 보기로 했다. 요리가 말했다.

"먼저 드롱 박사부터 만나 봐야 하지 않을까요? WC에 협박을 받고 있는 건 아닌지 알아보고, 또 피에르와의 일도 직접 물어보고요."

드러내 놓고 말하지는 않았지만 요리는 드롱 박사도

수상한 점이 있는지 살펴볼 생각이었다. 마르탱도 금세 그 의도를 알아차렸다.

"좋아요. 그럼 우리 둘이 지금 가 봅시다."

그렇게 마르탱과 요리는 드롱 박사 집으로 찾아가고, 철민이와 아이들은 숙소로 돌아왔다. 숙소에 도착하자 몸이 좋지 않았던 마리는 다시 열이 나는 것 같았다. 철민이가 알아채고 한마디 했다.

"감기도 다 낫지 않았는데 너무 무리한 거 아니야?"

마리가 얼른 손을 내저으며 말했다.

"아니에요. 저 괜찮아요."

그래도 걱정이 되었는지 부엌으로 가서 따끈한 레몬차를 타 주는 철민이.

"어서 해열제 먹고, 레몬차 좀 마시고 자."

완전 다정다감하다. 이제껏 보지 못했던 양철민의 새로운 모습이다. 순간, 눈치 없는 태산이도 철민이의 마음을 알아차렸다.

'혹시 선배가 마리를?'

태산이는 걱정이 앞섰다. 자신의 절친이자, 마리의 남

자 친구인 고차원이 생각났기 때문이다. 그런데 때마침 마리의 휴대전화가 울렸다. 마리는 얼른 방으로 들어가며 전화를 받았다. 그 모습을 본 루이가 고개를 갸웃하며 말했다.

"누구 전화인데 그러지?"

태산이가 말을 해야 되나 말아야 되나 망설이고 있는데, 루이가 선수를 쳤다.

"아! 마리 누나, 남친 있구나! 제 말 맞죠?"

철민이가 눈이 동그래져 태산이를 쳐다봤다. 태산이는 머뭇머뭇 대답했다.

"어, 있지. 남친."

철민이는 가슴이 쿵 내려앉았다.

'남친이 있다고?'

왜 그런 생각을 한 번도 하지 않았을까? 철민이는 마음을 가다듬고 최대한 무심한 표정을 지으며 물었다.

"마리 남친이 누군데? 학교 친구?"

태산이는 이렇게 된 마당에 철민 선배도 알고 있는 게 나을 것 같다는 생각이 들었다.

"차원이요. 고차원."

철민이는 차원이의 얼굴이 떠올랐다.

"아, 그렇구나. 마리랑 차원이……."

얼른 방으로 들어온 철민이는 저도 모르게 한숨이 나왔다.

그 시간, 마르탱과 요리는 드롱 박사의 집에 도착했다. 불시에 찾아온 두 사람을 보고 드롱 박사는 무척 놀라는 표정이었다.

"이 밤에 무슨 일로?"

마르탱이 대답했다.

"과학장관회의 때 갑자기 사라지셔서 걱정했습니다. 전화도 안 받으셔서 무슨 일이 있나 해서요."

"아, 그때는 몸이 좀 안 좋아서……."

드롱 박사가 왠지 초조한 표정으로 말을 흐렸다. 요리가 조심스레 물었다.

"여쭤볼 말씀이 있는데 죄송하지만 잠깐 안으로 들어가도 될까요?"

드롱 박사는 내키지 않는 듯 미간을 살짝 찌푸렸다. 그러고는 집 안을 한번 살펴보더니 말했다.

"손님을 너무 오래 밖에 세워 뒀군요. 들어오세요."

현관으로 들어서자 거실과 부엌이 나오고 안쪽으로 방 두 개가 보였다. 그런데 집이 밖에서 본 것보다는 좀 좁아 보였다. 마르탱이 물었다.

"사모님은 안 계시나요?"

드롱 박사가 자리를 권하며 말했다.

"아직 회사에서 안 왔어요."

그때 책장에 놓여 있는 사진이 요리의 눈에 띄었다. 부인이 젊은 시절 박사 학위를 받을 때 찍은 사진이었다. 요리가 물었다.

"사모님도 박사신가 봐요. 같이 합성생물학을 공부하셨나요?"

"아니요. 아내는 컴퓨터공학을 전공했습니다. 그런데 물어볼 게 뭐죠?"

드롱 박사가 재촉하자, 마르탱이 박사의 눈치를 살피더니 물었다.

"선임연구원 피에르에 대해서 여쭤보고 싶어서요. 피에르를 안 지 오래되셨나요?"

드롱 박사가 다시 미간을 찌푸리며 말했다.

"그 친구가 대학원을 졸업하자마자 우리 연구소에 왔으니까 10년도 넘었네요. 그런데 그건 왜?"

요리가 드롱 박사의 표정을 살피며 물었다.

"피에르가 교수로 갈 기회를 박사님이 막으셨다는 소문이 있더라고요."

말이 끝나기가 무섭게 버럭 화를 내는 드롱 박사.

"누가 그런 거짓말을! 그런 적 없습니다. 내가 왜 제자의 앞길을 막겠습니까!"

마르탱이 진정하라는 듯 고개를 끄덕이며 말했다.

"그러시겠죠. 그럼 과학장관회의 때 말인데요, 박사님께서 피에르를 그쪽으로 부르신 건가요?"

"그건 또 무슨 소립니까? 장관회의에서 피에르를 보기라도 했나요?"

드롱 박사가 날카로운 표정으로 묻자, 요리가 대답했다.

"저희 CSI 형사들이 지하철역에서 피에르를 만났다고

하더라고요."

드롱 박사가 신경질적으로 말했다.

"그냥 지나가는 길이었겠죠. 연구원들이 휴일에 뭘 하는지까지 제가 어떻게 알겠어요?"

그러더니 마르탱과 요리를 번갈아 보며 묻는 드롱 박사.

"그런데 피에르는 왜요? 피에르가 WC와 관련이라도 있는 건가요?"

"그냥 혹시나 해서 여쭤본 겁니다."

요리의 대답에 드롱 박사가 단호한 표정으로 말했다.

"그 친구는 아닙니다. 그럴 만한 배포도 없어요. 또 만약에 그렇다면 내가 진작 눈치를 챘겠죠."

마르탱이 목소리를 낮추며 물었다.

"이것도 혹시나 해서 여쭤보는 건데요, WC로부터 협박을 당하고 계신 건 아니죠?"

드롱 박사가 황당하다는 듯 껄껄 웃으며 대답했다.

"협박이요? 하하하! 그런 일 없습니다. 걱정 마세요."

마르탱이 당부했다.

"다행입니다. 혹시나 앞으로 그런 일이 생기면 저한테 바로 말씀해 주셔야 됩니다."

"알겠습니다. 자, 그럼 질문은 다 끝나신 거죠?"

이제 그만 가 달라는 뜻. 마르탱과 요리는 인사를 하고 나왔다. 집 밖으로 나오자, 마르탱이 의견을 물었다.

"좀 더 지켜봐야겠죠?"

"네. 뭔가 좀 석연치 않네요."

드롱 박사의 대답은 두 사람의 의구심을 떨치기에 충

분치 않았다. 마르탱은 부하들에게 드롱 박사의 집 앞에서 잠복하며 그의 일거수일투족을 살펴보라고 지시했다.

피에르를 추적하라!

다음 날, 철민이와 태산이는 한국인 연구원 나성현을 만나고, 마리와 루이는 영국인 연구원 매튜 베일을, 요리는 미국인 연구원 제시카 크루즈를 만났다. 나성현은 CSI를 만나자마자 수사 진행 상황부터 물었다.

"김 박사님이 어디 계신지는 아직 모르는 건가요?"

"네. 아직. 하지만 박사님은 저희가 꼭 구출할 테니까 너무 걱정하지 마세요."

철민이의 대답에 조금은 안심하는 나성현. 태산이가 조심스레 물었다.

"연구소 문을 닫았다고 하던데요?"

나성현이 한숨을 푹 쉬더니 답했다.

"응. 그렇게 됐어."

연구 자료 삭제 사건이 발생하고 드롱 박사는 충격이

켰는지 3일 동안 연구소에 나오지 않았단다. 그러다가 3일 만에 나와서 하는 말이 연구소 문을 닫기로 결정했다는 것. 철민이가 물었다.

"연구원님은 한국으로 돌아가실 건가요?"

"김 박사님의 행방도 모르는데 당장 어떻게 가겠어요."

태산이가 물었다.

"혹시 그 후에 피에르를 만난 적 있으세요?"

"피에르? 아니, 못 봤어. 원래 개인적으로 연락하는 사이는 아니었으니까."

철민이가 물었다.

"피에르와 김 박사님과의 사이는 어땠나요?"

"피에르가 드롱 박사님의 직속 제자이긴 했지만 사실 김 박사님을 더 존경했죠."

김대한 박사와 드롱 박사가 연구소의 공동 소장이긴 했지만 연구소에서 진행한 대부분의 연구는 김 박사의 아이디어였고, 연구 실적도 김 박사가 월등했다는 것. 드롱 박사는 김 박사가 다 차려 놓은 밥상에 숟가락만 얹는 정도였다는 것이었다.

"물론 김 박사님은 연구에만 신경을 쏟으셨기 때문에 연구비를 지원받거나 연구소를 운영하는 일들은 다 드롱 박사님이 하셨어요. 그 덕분에 연구를 할 수 있었던 거니까 드롱 박사님의 공도 컸죠. 그래서 노벨상도 같이 받은 거고요."

하지만 연구원들의 입장에서는 연구 업적이 뛰어난 김 박사를 더 따르고 존경했다는 것.

"드롱 박사님도 다 알고 있는 사실이죠. 티는 안 냈지만 서운했을 거예요."

한편, 매튜 베일 연구원을 만난 마리와 루이도 피에르에 대해 물었다.

"피에르는 개인적인 얘기를 잘 안 하는 스타일이라……. 아! 여자 친구 자랑은 좀 많이 했지."

"여자 친구요?"

마리가 되묻자, 매튜가 어깨를 으쓱하며 말했다.

"응. 피에르가 푹 빠져 있는 모양이더라고. 내 생각에는 둘이 그렇게 잘 어울리지는 않던데."

"왜요?"

루이가 묻자, 매튜가 대답했다.

"한두 번 본 적이 있는데, 머리부터 발끝까지 엄청 화려하더라고. 피에르하고는 좀 안 어울리는 스타일이지."

마리는 피에르의 모습을 떠올렸다. 조금 어수룩한 인상에 꾸미는 것과는 거리가 먼 스타일이었다. 하지만 스타일은 달라도 서로 통하고 좋아하니까 만나는 것 아니겠는가.

그 시간, 요리는 제시카 크루즈 연구원을 만나고 있었다. 피에르에 대해 묻자 제시카가 대답했다.

"능력 있는 연구원이죠. 다만……."

망설이는 제시카. 요리가 되물었다.

"다만, 뭐죠?"

제시카는 조심스럽게 말을 이었다.

"정확히는 모르겠지만, 피에르가 연구비에 손을 댔나 보더라고요."

드롱 박사의 방해로 피에르가 교수 되는 것이 좌절된 후, 둘이 다투는 소리를 우연히 들었다는 것.

"피에르가 어떻게 그럴 수가 있냐고 따지자, 드롱 박사님이 대뜸 그러더라고요. 1년 전부터 연구비를 몰래 빼서 쓴 것 다 안다고."

"그래서요? 피에르가 뭐라고 하던가요?"

"아무 소리도 못 하더라고요. 그래서 할 수 없이 연구소에 남게 된 것 같아요."

제시카의 말투나 표정으로 봐서 지어낸 말 같지는 않았다. 그런데 요리는 좀 이상했다. 피에르가 연구비를 빼서 쓴 걸 알았다면 오히려 그를 연구소에서 내쫓아야 되는 것 아닌가?

그런데 드롱 박사는 왜 교수로 가는 것을 막으면서까지 피에르를 데리고 있으려고 한 것일까?

여하튼 피에르의 입장에서 보면, 연구비 횡령을 들먹이며 자신의 앞길을 방해한 드롱 박사에게 안 좋은 감정이 생길 수밖에 없었을 것이다. 요리는 생각했다.

'그 일 때문에 피에르가 드롱 박사에게 앙심을 품고 WC와 결탁한 것이 아닐까?'

그런데 그것도 이상하다. 그렇다면 드롱 박사를 납치해야지, 왜 김대한 박사를 납치한단 말인가? 결국 의문만 더 커져 버렸다.

모두 숙소로 돌아와 연구원들을 만난 결과를 보고했다. 다 듣고 나더니, 철민이가 눈을 가느다랗게 뜨며 말했다.

"제 감으로는 돈 냄새가 나네요. WC가 돈으로 피에르를 매수한 거 아닐까요?"

"감으로 수사해? 증거로 수사해야지."

요리가 한마디 하자, 철민이가 너스레를 떨었다.

"아이참, 제 감이 그냥 감이 아니라니까요. 일본에서 제 별명이 뭔지 아세요?"

"양철민 별명? 리틀 교감쌤 아니었어?"

요리의 말에 마리와 태산이가 쿡쿡 웃음을 터뜨렸다.

말 많고 어수선한 어수선 교감쌤이 생각났기 때문이다. 물론 철민이도 지금은 많이 점잖아졌지만 기본 성격이 어디 가겠는가. 그런데 철민이는 손을 내저으며 말했다.

"에이, 그건 옛날 얘기죠. 일본에서는 제 별명이 '점쟁이' 예요. 제가 '이 사람이 범인이야' 하면, 딱딱 맞았거든요."

"하하하!"

'점쟁이'라는 말에 모두 웃음을 터트렸다. 여하튼 일본에서 최고의 명탐정으로 이름을 떨치고 있다더니, 정말인가 보다.

그런데 그때 요리의 휴대전화가 울렸다. 마르탱이었다. 마르탱은 프랑스인 연구원 두 명을 만나 들은 얘기를 전했는데, 내용은 CSI가 만난 연구원들의 얘기와 비슷했다.

"그리고 피에르에 대해 좀 알아보니까 원래 이탈리아 사람이더라고요. 아주 어렸을 때 가족이 이민을 와서 프랑스에서 자랐대요."

"아, 그렇군요."

이번에는 요리가 제시카에게서 들은 이야기를 전하자, 마르탱이 말했다.

"피에르의 재정 상태에 대해서 알아봐야겠네요."

요리도 말했다.

"네. 저희는 피에르를 살펴볼게요."

그리고 전화를 끊고 지시했다.

"내일 새벽부터 피에르의 집 앞에서 잠복한다."

그래서 저녁을 먹고 일찍 자기로 했는데, 저녁 먹기 전 TV 뉴스를 보던 루이가 깜짝 놀라 소리쳤다.

"신종 바이러스 백신을 만들어 냈대요!"

모두 TV 앞으로 모여들었다. 루이가 기자의 말을 통역해 주었다.

"샤모니 몽블랑에서 발생한 신종 바이러스를 치료할 수 있는 백신을 바이오머신이라는 제약회사가 3일 만에 만들어 냈대요."

철민이가 물었다.

"바이오머신? 유명한 회사인가?"

루이가 대답했다.

"프랑스 제약회사 중에서 3위 정도 하는 회사예요."

태산이가 말했다.

"3일 만에 백신을 만들다니, 놀라운데! 기술력이 좋은 회사인가 보네."

마리가 덧붙였다.

"합성생물학의 발전으로 가능해진 거야. 다 김대한 박사의 연구 덕분이지. 그 공로로 노벨상도 받은 거고."

여하튼 백신을 만들어 냈으니 감염된 사람들을 치료할 수 있게 되었다. 정말 다행이다.

다음 날, CSI는 아침 일찍 피에르의 집으로 갔다. 피에르의 집은 연구소 근처에 있는 낡은 아파트 2층이었다. 요리와 마리, 루이는 차 안에서 잠복하고, 철민이와 태산이는 집 앞 카페에서 살피고 있었다.

아침 9시 반쯤 되자, 피에르가 집에서 나왔다. 철민이와 태산이가 따라붙고, 요리도 운전을 해서 슬슬 따라갔다.

5분쯤 걸어간 피에르는 주차되어 있는 차에 올라탔다. 그런데 딱 봐도 새 차였다. 루이가 놀란 표정으로 말했다.

"우아! 저 차 되게 비싼 차예요."

연구비를 빼서 썼다고 하더니, 그 돈으로 산 것일까? 아니면 정말 WC에 돈으로 매수당한 것일까? 김대한 박사가 납치당하고 연구소 문까지 닫은 상황에서 새 차를 샀다는 것은 분명 수상한 부분이다. 요리가 명령했다.

"태산이와 루이, 교대해."

그렇게 요리, 마리, 태산이는 피에르의 차를 따라가고, 철민이와 루이는 이웃 주민에게 피에르에 대해 물어보기로 했다.

수상한 돈의 흐름

철민이와 루이는 피에르의 옆집으로 가서 초인종을 눌렀다. 젊은 여자가 나왔다. 철민이가 신분증을 보이며 말했다.

"실례합니다. 저희는 프랑스 경찰특공대와 공조 수사

중인 한국의 CSI입니다. 뭐 좀 여쭤볼 게 있는데요."

루이가 바로 통역하자 여자가 알겠다는 듯 고개를 끄덕였다.

"옆집에 사는 피에르란 사람 아시죠? 최근 평소와 좀 다르다거나 특이한 점 혹시 없었나요?"

철민이가 묻자 여자가 고개를 갸웃하며 말했다.

"글쎄요, 항상 조용한 사람이라서요. 아, 저번에 입구에서 만났는데 좀 들떠 보이더라고요. 좋은 일 있냐고 물으니까, 곧 결혼해서 이사를 갈 거라고 하더라고요."

여자 친구가 있다고 하더니, 결혼하기로 한 모양이다. 여자는 그것 말고는 피에르에 대해 별로 아는 게 없다고 했다.

"아, 그렇군요. 감사합니다."

철민이와 루이가 감사 인사를 했다. 그런데 그때였다. 철민이의 휴대전화가 울려 받으니 나성현이었다.

"좀 이상한 일이 있어서요. 지금 만나서 얘기할 수 있나요?"

이상한 일이라니! 철민이와 루이는 곧바로 나성현을

만나러 갔다. 나성현은 둘을 만나자마자 물었다.

"혹시 바이오머신이라는 제약회사 아세요?"

철민이와 루이는 어제 뉴스에서 본 기억이 났다. 루이가 대답했다.

"어제 뉴스에 나오던데요. 샤모니 몽블랑에서 발생한 신종 바이러스의 백신을 그 회사가 만들었다고요."

그러자 나성현이 황당하다는 듯 말했다.

"그게 이상하다는 거야. 신종 바이러스 백신을 3일 만에 만들어 내는 건 김 박사님이 최근에 개발한 기술을 쓰지 않고서는 불가능한 일이거든."

철민이가 놀라 물었다.

"김대한 박사님이 개발한 기술이라고요?"

"네. 백신을 만드는 과정이 이래요. 먼저 신종 바이러스의 DNA 염기 서열을 이용해 똑같은 유전 정보의 바이러스를 만들어 내요. 그러고 나서 바이러스에서 독성 부분을 제거한 인플루엔자 바이러스를 합성해서 백신을 만들어 내는 거죠. 그 과정으로 3일 만에 백신을 만들어 내는 기술은 김대한 박사님이 최근 개발한 거고요."

기존의 백신 생산 과정을 개선하고, 개발 속도를 크게 단축시킨 혁신적인 기술이라는 것.

"문제는 이게 아직 발표도 안 한 기술이라는 거예요. 노벨상 수상 축하 만찬회에서 발표하려고 했는데, 김 박사님이 납치되는 바람에 발표를 못 한 거죠."

루이가 눈이 동그래져 물었다.

"그런데 그걸 어떻게 바이오머신이 알아낸 거죠?"

철민이가 날카로운 눈빛으로 물었다.

"얼마 전에 삭제당한 연구 자료 중에 그 자료도 있었던 건가요?"

나성현이 대답했다.

"맞아요. 그러니까 연구 자료를 삭제한 게 아니라, 누군가 그걸 복사해서 바이오머신에 넘겨준 게 분명해요. 물론 엄청난 돈을 받았겠죠."

그러더니 신문 기사를 내밀며 말했다.

"오늘 아침 신문에 실린 건데, 바이오머신 회장의 인터뷰예요."

기사를 보니, 백신 생산 속도를 크게 향상시키는 기술을 연구 끝에 개발했다는 것이었다. 나성현이 어이없다는 표정으로 말했다.

"바이오머신은 규모는 업계 3위지만 주로 외국에서 개발한 약을 사다 파는 회사예요. 이제까지 직접 개발한 약은 하나도 없었어요. 한마디로 그런 엄청난 연구를 성공할 능력이 안 된다는 뜻이죠."

"그럼 WC에 돈을 주고 기술을 산 게 분명하네요."

루이가 말하자, 나성현이 덧붙였다.

"이상한 점이 한 가지 더 있어. 이 기술이 성공한 것을

아는 사람은 우리 연구원들밖에 없었어. 그런데 WC가 어떻게 알고 자료를 훔쳐갔을까?"

피에르다! WC가 돈으로 피에르를 매수한 게 분명하다. 피에르를 매수해 연구 자료를 빼돌린 후 바이오머신에 엄청난 돈을 받고 판 것이다. 그렇다면 WC의 목표도 결국 돈이었단 말인가! 과학과 기술이 인류를 파멸로 이끄는 걸 막아야 한다는 그들의 주장은 그저 눈속임에 불과한 것이었던 걸까?

한편, 피에르는 파리의 한 백화점으로 가더니 여자 친구를 만났다. 매튜의 말대로 여자는 눈에 띄게 화려한 스타일이었다. 둘은 같이 가구와 침구를 구경했다.

결혼 준비를 하는 것 같았다. 행복한 표정으로 여자 친구에게서 눈을 떼지 못하는 피에르. 요리와 태산이, 마리는 두 사람이 눈치채지 못하도록 거리를 두고 살폈다.

피에르와 여자 친구는 한참 쇼핑을 하더니, 점심을 먹은 후 백화점을 나섰다. 한 시간쯤 차로 달려 도착한 곳은 바로 파리의 신도시 라데팡스. 고층 건물과 아파트, 호텔, 관공서, 기업들이 밀집되어 있는 곳이다. 피에르와 여자 친구는 그중에서도 초현대식 아파트로 들어갔다. 마리가 말했다.

"새로 이사하는 집인가 봐요. 완전 최고급인데요."

지금 피에르가 사는 집과는 천지 차이였다. 값비싼 새 차에, 이렇게 좋은 집까지 무슨 돈으로 마련한 것일까? 요리가 마르탱에게 전화해 상황을 전하자, 마르탱이 말했다.

"이상하네요. 피에르의 재정 상태에 대해서 조사했는데, 큰돈이 오간 흔적이 없어요."

최근 3년간의 계좌 기록을 조회한 결과, 연구소 월급 말고는 입금된 돈도, 집이나 차를 살 정도로 큰돈이 빠져나간 기록도 없다는 것. 요리가 의견을 냈다.

"피에르 여자 친구의 계좌 거래 내역을 조사해 보면 어떨까요?"

마르탱이 대답했다.

"좋아요. 알아볼게요."

마르탱은 곧바로 피에르의 여자 친구에 대한 조사를 시작했다.

잠시 후, 요리는 철민이로부터 나성현을 만났다는 보고를 받았다. 마리가 말했다.

"팀장님 감이 맞은 것 같아요. 피에르가 돈을 받고 WC한테 연구 정보를 알려 준 거예요. 그래서 WC가 연구 자료 삭제 사건을 일으키고 훔친 자료를 바이오머신에 판 거겠죠."

그럼 이제 피에르가 WC로부터 돈을 받았다는 확실한 증거를 찾아야 한다.

CSI는 마르탱의 사무실로 모였다. 마르탱이 피에르의 여자 친구에 대해 조사한 결과를 전했다.

"이름은 레아 그린. 나이는 25세. 직업은 레스토랑 종업원이에요. 그리고 계좌 거래 내역은 곧 나올 거예요."

바로 그때, 마르탱의 부하가 들어와 서류를 건넸다.

"나왔네요. 레아 그린의 최근 3개월간의 계좌 거래 내역이에요."

마르탱이 요리에게도 한 부 나눠 주며 말했다.

"수상한 돈이 들어왔는지 확인해 봅시다."

마르탱과 요리가 계좌 거래 내역을 살펴보는 동안 모두 긴장된 표정으로 기다렸다.

"이틀 전 3만 유로가 들어왔군요!"

마르탱이 먼저 말하자, 요리도 덧붙였다.

"일주일 전에도 4만 유로가 입금됐어요!"

그렇게 최근 한 달간 10회에 걸쳐 입금된 돈을 모두 합치니, 무려 37만 유로. 우리나라 돈으로 5억 원이나 되는 큰돈이었다. 루이가 입금자를 확인하더니 말했다.

"모두 비트머니프랑스에서 받은 거예요.

WC랑 관련된 회사가 아닐까요?"

그런데 바로 그 순간, 태산이는 머릿속에 번쩍 떠오르는 게 있었다.

"비트머니프랑스? 혹시 비트코인을 거래하는 회사 아닌가요?"

마르탱이 고개를 끄덕이며 대답했다.

"맞아. 프랑스 최대의 비트코인 거래소지."

마리가 태산이에게 물었다.

"비트코인이 뭔데?"

태산이가 설명했다.

"비트코인은 가상 화폐 중 하나야. 정부나 중앙은행, 금융회사의 개입 없이 온라인상에서 개인과 개인이 직접 돈을 주고받을 수 있도록 암호화된 화폐를 말하지. 실제 돈은 아니지만, 가상화폐를 취급하는 곳에서 물건을 사거나 서비스 이용료를 결제할 수 있어. 컴퓨터 프로그램으로 복잡한 암호를 풀어서 직접 가상화폐를 얻거나, 가상화폐 거래소에서 구입할 수 있지."

"그럼 WC에 연구 정보를 넘긴 대가를 비트코인으로

받았다는 거네!"

요리의 말에 태산이가 설명을 이었다.

"비트코인은 인터넷에서 계좌를 개설할 수 있는데 이 계좌를 '지갑'이라고 불러요. 이 지갑에는 약 30자 정도의 영어 알파벳과 숫자의 조합이 계좌번호처럼 부여되죠. 사용자들은 거래소에서 비트코인을 구매하거나 현금으로 바꿀 수 있는데, 개인 정보가 필요하지 않기 때문에 통장의 주인이 누군지 알 수가 없어요."

루이도 아는 체를 했다.

"맞아요. 그래서 불법 거래나 돈세탁, 탈세 등에 이용되기도 한다더라고요."

태산이가 고개를 끄덕이며 말했다.

"그래, 바로 그거야! 흔적을 남기지 않기 위해 비트코인으로 받은 거지. 루이가 잘 아네!"

루이는 깜짝 놀랐다. 태산이가 처음으로 자신을 칭찬했기 때문이다. 루이의 놀란 표정을 보고 태산이는 자신이 무슨 말을 했는지 깨달았다. 그러자 무안한 마음에 얼른 고개를 돌렸다. 그래도 루이는 태산이가 자신을 인정해 준 것 같아 기분이 좋았다. 이어서 철민이가 물었다.

"누구랑 거래했는지 알 수 없으면, 피에르가 WC나 바이오머신으로부터 비트코인을 받았다는 걸 어떻게 증명하지?"

태산이가 잠시 생각하더니 말했다.

"일단 피에르가 갖고 있는 비트코인 지갑 주소를 알아내야 해요. 거기서 레아의 계좌로 비트코인을 현금화했을 테니까요. 그리고 피에르의 지갑 주소와 바이오머신이 소유하고 있는 지갑 주소 간에 거래한 게 있는지 알아봐야 해요. 물론 중간에 여러 단계를 거쳐 돈을 보냈다면 알아내기 쉽지 않겠지만요."

요리가 의견을 냈다.

"피에르의 컴퓨터나 스마트폰에 지갑 주소가 저장되어 있지 않을까?"

마르탱이 곤란한 표정으로 말했다.

"그러려면 피에르의 집을 수색해야 되는데, 이 정도 증거로는 압수수색 영장이 안 나올 거예요. 피에르가 WC와 관련이 있다는 좀 더 확실한 증거가 필요해요."

그러자 루이가 소리쳤다.

"맞다! 피에르가 정말 WC와 관련이 있다면, 검거된 WC 추종자들 중에 피에르의 얼굴을 아는 사람이 있지 않을까요?"

"루이, 똑똑하네."

마리가 칭찬했다.

"헤헤. 이 정도쯤이야 별 거 아니죠."

연달아 칭찬을 받으니 금방 우쭐해진 루이. 그런데 태산이는 웬일인지 그 모습이 밉지 않았다. 처음엔 너무 자신만만한 루이의 모습에 거부감이 들었는데, 이제는 좀 귀엽기까지 하다. 그사이 정이라도 든 걸까?

놀라운 반전

마르탱은 무하마드를, 철민이는 자크를, 요리는 미셸을 불러 피에르의 사진을 보여 줬다. 무하마드는 사진을 보더니 고개를 저으며 말했다.

"몰라요. 전에도 말했지만 WC와 관련된 사람을 직접

만난 적은 없어요."

자크도 마찬가지였다.

"처음 보는 얼굴인데요. 제가 아는 WC 가담자는 미셸과 알베르토, 둘뿐이에요. 김 박사를 납치할 때 알베르토가 운전을 하긴 했지만 복면을 쓰고 있어서 얼굴은 못 봤어요."

그러더니 이내 생각난 듯 말했다.

"맞다! 그런데 처음에 말하는 것만 듣고는 프랑스 사람인 줄 알았어요. 프랑스어를 아주 잘했거든요. 그런데 나중에 미셸이 그러더라고요. 이탈리아 사람이라고."

순간, 철민이는 귀가 번쩍 뜨였다. 마르탱이 조사한 결과, 피에르는 이탈리아 사람이라고 했다. 철민이는 생각했다.

'피에르와 알베르토, 혹시 동일 인물은 아닐까?'

그 시간, 요리는 미셸을 만나 피에르의 사진을 보여 주며 물었다.

"이 사람 본 적 있나요?"

순간, 미셸의 눈빛이 흔들렸다. 하지만 미셸은 부인했다.

"아니요. 모르는 사람이에요."

요리는 차분하게 이야기했다.

"이 사람 이름은 피에르 카르디날레. 김대한 박사의 합성생물학 연구소의 선임연구원이죠."

미셸은 반항적인 눈빛으로 요리를 쏘아보았다.

"모른다니까요. 처음 보는 사람이에요."

요리는 동요하지 않고 계속 말을 이었다.

"지금까지 저희가 수사한 바에 따르면, 피에르가 김대한 박사의 백신 제조 기술을 WC에 넘겼고, WC는 그걸 바이오머신이라는 회사에 팔았어요."

표정이 일그러지는 미셸. 요리는 그 순간을 놓치지 않고 말했다.

"피에르는 돈 때문에 스승과 동료를 배신한 거예요. 물론 WC는 훨씬 더 많은 돈을 챙겼겠죠."

자신이 옳다고 믿는 것을 위해서는 어떠한 위험과 폭력도 마다하지 않는 극단주의자 미셸. 피에르든 WC든 신념 때문이 아니라 돈이 목적이었다는 사실은 미셸에게 엄청난 배신일 것이다. 요리는 바로 그 점을 이용해 미셸의 자백을 이끌어 내려는 것. 예상대로 미셸은 분노에 찬 표정으로 되물었다.

"돈 때문이라고요?"

"그래요. 피에르는 그 돈으로 새 차를 사고, 새 아파트를 샀죠. 이제 곧 결혼할 거라고 하더군요."

미셸은 씁쓸한 듯 한숨을 내쉬었다. 요리가 다그쳤다.

"이 사람 본 적 있죠?"

미셸은 잠시 망설이더니, 결심한 듯 말했다.

"네. 알베르토예요."

요리는 깜짝 놀랐다. 피에르가 알베르토라니! 그저 WC에 연구소의 기밀을 누설한 조력자 정도일 거라고 생각했다. 그래서 미셸도 만난 적이 있지 않을까 싶어 떠보았던 것. 그런데 그가 바로 WC의 핵심 멤버라니! 놀라지 않을 수 없었다. 요리가 다시 물었다.

"이 사람이 알베르토라고요?"

"네. 인터넷 테러 추종 사이트에서 처음 알게 됐어요. 그가 합성생물학 연구소의 연구원이라는 건 전혀 몰랐어요. 그냥 나 같은 급진주의자인 줄 알았죠. 우린 생각이 잘 통했어요. 과학의 발전이 오히려 세계를 멸망의 길로 이끌고 있다는 알베르토의 말에 나는 완전히 빠져들었죠."

미셸은 감정이 점점 더 격해지고 있었다.

"그런데 그게 다 돈 때문이었다고요? 자기 혼자 잘 먹고 잘 살겠다고 우리를 이용한 거라고요? 나는 그 사람

명령에 따라 친구를 해치기까지 했는데!"

배신감에 치를 떠는 미셸. 이건 정말 놀라운 반전이다. 피에르가 바로 WC의 수장인 사마르의 오른팔, 알베르토라니. 연구 자료 삭제 사건뿐 아니라, 자크를 살해하라는 명령을 전달하고, 심지어 김대한 박사를 납치하는 것까지, 지금까지 WC가 벌인 모든 악행을 직접 수행한 사람이라니.

요리가 미셸의 자백을 전하자, 모두 놀라움을 금치 못했다.

"피에르가 알베르토라고요?"

마리가 놀라 되묻자, 루이가 분노하며 소리쳤다.

"진짜 나쁜 사람이다! 돈이 아무리 좋아도 그렇지, 어떻게 스승을 납치할 수가 있죠?"

그러게 말이다. 다들 피에르의 정체에 충격을 받았다. 마르탱은 곧바로 피에르의 집에 대한 압수수색 영장과 피에르 체포 영장을 발부받았다. 그리고 피에르를 체포하기 위해 막 출발하려고 하는데 요리가 말했다.

"잠깐만요. 그 전에 할 일이 있어요."

마르탱이 물었다.

“그게 뭔데요?”

“피에르가 WC의 핵심 멤버라는 것을 드롱 박사가 알게 되면 어떤 반응을 보일지 궁금하지 않나요?”

요리의 말에 마르탱의 눈이 반짝였다.

“좋아요. 그럼 단장님은 드롱 박사를 만나 보세요. 저희 팀이 피에르를 체포할게요.”

철민이가 나섰다.

“저도 가겠습니다.”

그래서 요리와 마리는 드롱 박사를 만나러 가고, 나머지는 마르탱 팀과 함께 피에르를 체포하기 위해 출동했다. 피에르의 집에 도착하니, 밤 9시가 넘은 시간. 창문으로 불빛이 새어나오고 있었다. 마르탱이 부하들에게 명령했다.

“꼭 생포해야 한다. 알았나?”

“네!”

지금까지 WC가 저지른 여러 테러 사건에서 가장 중요한 핵심 인물로 떠오른 피에르. 그러니까 그를 꼭 생포해서 모든 사건의 전말을 낱낱이 파헤쳐야 한다. 그래야 사마르도 잡을 수 있고, 김대한 박사도 찾을 수 있다. 경찰특공대의 엄호 아래 마르탱과 철민이가 앞장서 들어가고, 루이와 태산이는 집 주변을 포위하는 팀에 합류했다.

만반의 준비를 하고, 마르탱이 피에르 집의 초인종을 눌렀다. 그런데 아무런 반응이 없다. 벌써 눈치채고 도망간 것은 아닐까? 마르탱이 신호하자 철민이가 손잡이를 부수고 발로 문을 열어젖혔다. 총을 겨누며 집 안으로 진입한 마르탱과 철민이. 그런데 반대편 창문이 활짝 열려 있는 것이 아닌가. 그리고 다음 순간, 창 밖에서 경찰특공대원이 외치는 소리가 들렸다.

"피에르야, 잡아!"

창문을 넘어가 비상계단으로 도망친 것이다. 철민이가 창문에서 내려다보니, 경찰특공대가 피에르를 뒤쫓고 있는데, 반대편 골목에서 루이가 뛰어나오는 것이었다. 철민이는 가슴이 철렁하여 소리쳤다.

"차루이, 넌 끼어들지 마!"

하지만 루이는 못 들었는지 곧바로 피에르에게 달려들

었다. 그러나 피에르는 루이를 가뿐히 밀쳐 냈다. 그대로 나동그라지는 루이. 그때였다. 태산이가 번개같이 달려들어 돌려차기로 피에르의 가슴을 가격했다. 퍽!

"윽!"

피에르가 외마디 비명을 지르며 쓰러지자 경찰특공대원들이 달려들어 피에르를 제압했다. 모두 순식간에 일어난 일. 태산이가 쓰러진 루이를 일으키며 물었다.

"괜찮아?"

루이가 비틀비틀 일어나며 말했다.

"네. 괜찮아요."

태산이가 버럭 화를 냈다.

"너 인턴인 거 몰라? 그러다 다치면 어쩌려고 겁 없이 뛰어들어!"

루이가 머리를 긁적이며 말했다.

"죄송해요. 급해서 그만……."

미셸을 체포할 때 멋지게 활약했던 것만 믿고 달려들었는데, 피에르는 만만치 않았던 것. 그래도 루이는 태산이가 자신을 걱정해 주는 게 고맙고 좋았다.

창문 밖으로 상황을 지켜본 마르탱이 엄지손가락을 치켜세우며 말했다.

"CSI, 역시 대단하네요."

철민이는 저도 모르게 어깨가 으쓱해졌다. 훌륭한 후배를 둔 것이 자랑스러웠다. 그리고 처음에는 루이를 마음에 들어 하지 않던 태산이가 이제는 루이를 같은 팀원으로 받아들이는 것 같아 마음이 놓였다.

마르탱과 철민이는 곧바로 피에르의 집 안을 수색했다. 노트북도 증거물로 압수했다. 이제 비트코인 지갑 주소를 알아내 그의 혐의를 입증해야 한다.

그 시간, 요리와 마리는 드롱 박사를 만나고 있었다. 또다시 한밤중에 방문하자 드롱 박사는 노골적으로 불쾌해했다.

"지금 몇 시인 줄 아세요? 수사도 중요하지만 너무 예의가 없는 것 아닙니까?"

요리가 사과했다.

"죄송합니다. 너무 중요한 일이라……. 피에르 연구원에 대한 체포 영장이 발부됐습니다. 아마 지금쯤 체포됐을 거예요."

드롱 박사가 소스라치게 놀라며 되물었다.

"피에르가 체포됐다고요?"

"네. 피에르가 WC의 조직원이었어요. 조직원들 사이에서 알베르토로 불리더군요."

당황하는 빛이 역력한 드롱 박사.

"어떻게 그런 일이……."

요리와 마리는 드롱 박사의 표정을 유심히 살폈다.

그런데 이상하다. 놀라고 당황하는 표정이기는 하지만, 분노가 없다. 제자가 자신을 배신한 걸 알고도 왜 화를 내지 않는 것일까? 요리가 말을 이었다.

"피에르가 체포된 것을 알면, WC가 박사님을 위협할 가

능성이 있기 때문에 괜찮으신지 확인하러 온 거예요. 물론 경찰특공대가 경호하고 있으니, 걱정은 안 하셔도 됩니다."

일부러 드롱 박사에게 자신들이 지켜보고 있다는 걸 알려 준 것. 드롱 박사가 대답했다.

"아, 네. 그렇군요. 고맙습니다."

미끼를 던졌으니, 이제 드롱 박사가 어떻게 행동하는지 지켜볼 일이다.

2장

WC, 병원을 테러하다

피에르의 자백

"당신이 알베르토 맞죠?"

마르탱의 질문에 피에르는 입을 꾹 다물고 대답하지 않았다. 마르탱이 다시 말했다.

"미셸이 이미 당신이 바로 알베르토라고 증언했어요."

피에르의 눈빛이 흔들렸다. 철민이가 다그쳤다.

"바이오머신에 백신 연구 자료를 넘기고 비트코인을 받았나요?"

여전히 입을 열지 않는 피에르. 확실한 증거가 나오기 전까지는 묵비권을 행사하려는 게 분명하다.

그 시간, 태산이와 루이는 피에르의 집에서 압수한 노트북을 뒤지고 있었다. 루이가 인터넷 즐겨찾기 페이지를 검색하더니 소리쳤다.

"비트코인프랑스! 여기 있어요."

"오, 좋아! 들어가 봐."

태산이의 말에 루이는 얼른 비트코인프랑스를 클릭해 홈페이지를 열었다. 루이가 다행이라는 듯 크게 소리를 질렀다.

"로그인 돼 있어요!"

그렇다면 이제 식은 죽 먹기다. 루이와 태산이는 그동안 피에르가 비트코인을 받은 지갑 주소와 내역, 그걸 현금화해서 레아의 통장으로 출금한 흔적을 모두 찾아냈다.

"성공! 하하하!"

루이와 태산이는 하이파이브를 하며 기뻐했다. 다음 순간, 저도 모르게 나온 행동에 태산이는 곧 머쓱해졌다.

하지만 둘은 확실히 느끼고 있었다. 어느새 팀워크가 척척 맞아 가고 있다는 것을.

철민이는 태산이와 루이가 찾은 증거를 피에르 앞에 내밀었다. 하지만 피에르는 계속해서 딱 잡아뗐다.

"아버지의 유산을 비트코인으로 물려받은 거예요. 상속세를 내지 않으려고 꼼수를 좀 쓴 것뿐이라고요."

유산을 물려받으면 상속세를 내야 되는데, 그걸 내지 않기 위해 거래 흔적을 추적하기 어려운 비트코인을 이용하고, 레아의 통장으로 환전한 돈을 송금했다는 말.

차라리 탈세를 했다고 하는 편이 더 가벼운 처벌을 받을 거라고 생각해 거짓말을 하고 있는 게 분명하다. 그럼 이제 남은 방법은 비트코인을 보낸 사람을 추적하는 것인데, 그게 쉽지만은 않다. 물론 미셸의 자백으로 피에르를 구속할 사유는 충분하지만, 그가 정말 WC의 범죄에 가담했는지 어떻게 입증할 것인가.

그런데 바로 그때, 문이 열리고 요리가 들어섰다. 모두의 눈이 요리에게 쏠리자, 요리는 뒤를 돌아보며 말했다.

"들어오세요."

그러자 문 뒤에서 한 여자가 나타났다. 피에르가 깜짝 놀라며 소리쳤다.

"레아!"

레아 그린이었다. 레아는 떨리는 목소리로 피에르에게 물었다.

"피에르, 다, 당신이 정말 WC 조직원이에요? 그 돈이 다 나쁜 짓을 한 대가로 받은 돈이냐고요?"

피에르가 다급히 손을 내저었다.

"아, 아니야. 오해야, 오해. 내 말을 들어 봐."

"그동안 당신이 했던 말과 행동, 갑자기 생긴 돈, 다 수상했어요. 어떻게, 어떻게 나를 감쪽같이 속일 수 있죠? 흐흐흑……."

피에르가 체포됐다는 소식을 듣고 요리와 마리는 곧바로 레아를 찾아갔다. 레아는 아무것도 모르는 듯 CSI가 찾아온 이유를 듣고도 커다란 눈만 깜박였다. 요리는 레아의 통장으로 들어온 37만 유로의 출처에 대해 다그쳤다. 레아는 그 돈이 피에르의 아버지가 물려준 유산으로 알고 있었다. 요리는 피에르가 사실은 각종 악행을 저지르며 세상을 떠들썩하게 만들고 있는 테러단체 WC의 일원이라는 것과 그가 지금까지 저지른 일들에 대해 이야기했다. 레아는 덜덜 떨며 자신은 전혀 몰랐던 일이라고 주장했다. 그리고 자신의 말이 사실임을 증명하기 위해 피에르가 조사받고 있는 현장에 따라온 것이다.

레아가 울음을 터뜨리자 피에르는 온몸의 힘이 빠지는 듯 무너져내렸다. 어떻게든 빠져나가려고 했지만 이제 막다른 골목에 다다랐음을 깨달은 것. 또 레아와 함께 꿈꾸던 미래도 다 물거품이 되어 버렸음을 직감한 것이다. 피에르는 눈물을 글썽이며 말했다.

"나는 당신한테 더 좋은 걸 해 주고 싶었어. 당신도 그걸 원했잖아."

"나를 위해 범죄자가 되라고 하진 않았어요!"

레아가 소리치자, 피에르는 허탈한 표정으로 말했다.

"당신 말이 맞아. 그런데 왜 난 이렇게 된 거지? 무엇을 위해 그런 거지?"

레아를 만나 사랑하게 되면서 피에르는 그녀가 원하는 것은 뭐든 해 주고 싶었단다. 그것이 자신을 범죄의 구렁텅이로 몰아가고 있다는 걸 알면서도 멈출 수가 없었다는 것. 결국 피에르는 자백했다.

"맞아요……. 제가 알베르토입니다."

요리가 단호한 목소리로 물었다.

"아무리 돈이 필요해도 그렇지, 어떻게 WC와 결탁한 것도 모자라 스승을 납치하고 어렵게 개발한 기술까지 팔아넘길 수가 있죠?"

피에르가 항변했다.

"김 박사님을 존경하긴 했지만 돈에 너무 초연한 건 싫었어요. 기껏 연구해서 남들 좋은 일만 시키는 게 화가 났어요. 쥐꼬리만 한 월급 받고 밤낮으로 연구해서 이룩한 성과인데, 그걸 그냥 공짜로 세상에 발표한다는 게 말이 되냐고요!"

마르탱이 말했다.

"그 대신 명예를 얻었잖아요."

피에르가 냉소적인 웃음을 지으며 말했다.

"노벨상 수상자를 배출한 연구소의 연구원이라는 명예요? 그럼 뭐합니까? 당장 여자 친구한테 변변한 선물 하나 못 사 주는데."

피에르가 김 박사의 백신 제조 기술을 넘기고 바이오머신으로부터 받은 돈은 우리나라 돈으로 자그마치 10억 원. 그중 5억 원만 현금으로 바꾸고 나머지는 아직 비트코인으로 보관하고 있었다. 태산이가 물었다.

"WC로부터 직접 지령을 받았으면 사마르가 누군지 알고 있겠네요?"

순간, 날카로워지는 피에르의 눈빛. 피에르는 딱 잘라 대답했다.

"그건 몰라요. 돈을 받고 지령을 수행했을 뿐입니다."

피에르는 공범인 자크, 미셸과 함께 김대한 박사를 납치한 후 직접 차량을 운전해 생드니까지 갔으며, 거기서 차를 바꿔 타고 인근의 한 폐공장으로 가서 사마르에게 김 박사를 넘겨줬다는 것. 요리가 다그쳤다.

"그런데도 사마르를 못 봤다는 거예요?"

"네. 서로 복면을 쓰고 있었으니까요."

철민이가 물었다.

"그럼 그 폐공장에 김 박사가 갇혀 있나요?"

피에르는 고개를 저었다.

"아니에요. 그쪽 차에 태워서 바로 다른 곳으로 데리고 갔어요."

피에르는 연구 자료 삭제 사건 전날 미리 자료를 복사해서 바이오머신에 넘기고, 사건 당일 연구원들이 자리를 비운 시간을 알려 줬다고 자백했다. 또 자크 살해 지령을 받아 미셸에게 VX를 건넸으며, 드론 테러 당시에는 회의장 인근 호텔 방에서 미셸의 전화를 받고 통신 교란 장치를 작동시켰다는 것. 그러다 태산이와 지하철역에서 마주치는 바람에 이 모든 일이 들통나기 시작한 것이다.

마리가 물었다.

"김대한 박사님은 지금 어디 계시죠?"

"그건 나도 몰라요. 하지만 아직 무사하신 건 분명해요. 사마르가 김 박사님을 해쳤다면 분명히 내게 알렸을 거예요."

김 박사에 대한 정보를 공유할 정도라면 사마르를 모를 리가 없다. 그런데도 끝까지 사마르에 대해 입을 열지 않는 피에르. 왜 이렇게 사마르를 감싸고도는 걸까? 여하튼 피에르가 WC의 알베르토라는 게 밝혀지면서 많은 의문점이 풀렸고, 사마르에게도 큰 타격이 되었을 게 분명하다. 피에르는 김 박사 납치 등 테러 행위를 하고, 백신 제조 기술을 돈을 받고 팔아넘긴 혐의로 구속됐다.

협박 메일을 받다

다음 날, 바이오머신의 불법 행위에 대한 조사도 시작됐다. 바이오머신 본사를 압수수색해 컴퓨터와 관련 서류를 살펴보니, 최근 바이오머신이 누군가에게 보낸 비트코인은 우리나라 돈으로 무려 100억 원. 그중 10억 원을 피에르에게 보냈으니, 나머지 90억 원은 틀림없이 WC의 사마르에게 보냈을 것이다.

이번 사건과 관련된 바이오머신의 회장과 관계자들도 모두 체포되어 수사를 받게 되었다. 마르탱이 바이오머신 회장에게 사건의 경위를 추궁했다.

"김대한 박사의 백신 제조 기술이 성공한 것은 연구원들밖에 몰랐다고 하던데, 어떻게 그 자료를 입수하게 된 거죠?"

회장이 대답했다.

"어느 날 제 개인 메일로 메시지가 왔어요. 김대한 박사의 합성생물학 연구소에 근무하는 피에르 연구원이라고 신분을 밝히더군요. 최근 김 박사가 신종 바이러스 백신을 3일 만에 만들 수 있는 기술을 개발했는데, 그걸 사겠느냐는 내용이었죠."

처음에는 장난일 거라고 생각했는데, 피에르가 바이오머신에 대해 아주 잘 알고 있더라는 것.

"회사의 주요 사업뿐 아니라, 재무 구조, 최근 3년간

매출이 떨어진 것까지 다 알고 있더라고요. 그래서 장난은 아닐 거라고 생각했죠."

제약업계 만년 3위에 머물러 있던 바이오머신은 그 원인이 자체 개발한 약이 없기 때문이라고 판단하고, 지난 5년 동안 신약 개발에 상당히 많은 돈을 쏟아부었단다. 하지만 계속 실패하고 매출까지 뚝뚝 떨어지니, 이사회에서 회장 교체 건이 논의될 위기까지 갔다는 것.

"돌파구가 필요했어요. 그런데 백신을 3일 만에 만들어 낼 수 있는 기술이라니, 도저히 뿌리칠 수 없는 유혹이었습니다."

그래서 먼저 연구 자료의 반을 보내 주면 검토해 보고 결정하겠다고 했는데, 보내온 자료를 보고 깜짝 놀랐다는 것.

"이제껏 세상에 없는 놀라운 기술이었어요. 김대한 박사만이 만들어 낼 수 있는 그런 기술이었죠."

그래서 결국 100억 원을 주고 연구 자료를 넘겨받게 되었다는 것. 요리가 물었다.

"피에르에게 보낸 돈 말고, 나머지 돈은 누구한테 보낸 거죠?"

회장이 대답했다.

"나는 피에르가 알려 준 지갑 주소로 비트코인을 보냈을 뿐이에요. 그 계좌의 주인이 누구인지는 전혀 몰라요."

"김대한 박사를 납치한 단체가 WC라는 사실은 알고 있었을 거 아니에요. 그럼 연구 자료도 WC에 의해 유출됐을 거라는 생각은 안 했나요?"

철민이가 다그치자 회장은 펄쩍 뛰었다.

"처음 메일이 온 것은 한 달도 더 된 일이고, 이미 기술의 반이 넘어온 상태에서 김 박사의 납치 소식을 들었죠. 그 다음 날 나머지 자료를 넘겨받으면서 혹시나 하긴 했지만 그땐 이미 돌이킬 수 없는 상황이었어요."

그런데 때마침 샤모니 몽블랑에서 신종 바이러스가 발생했고, 회사를 알릴 수 있는 절호의 기회라고 생각해 백신 개발에 뛰어들었다는 것. 피에르에게 산 기술 덕분에 3일 만에 백신을 개발해 각종 뉴스에 나오고 회사의 주가가 치솟는 성공을 거뒀지만, 결국 자신은 이렇게 범죄자 신세가 되어 버린 것이다. 여하튼 이번 일로 밝혀진 가장 중요한 사실은, WC가 과학과 기술이 인류를 멸망시킬 거라고 주장하며 벌인 각종 테러들이 결국은 다 돈 때문이었다는 것이다. 또 사마르는 인류 구원은커녕 그저 돈에 눈이 먼 테러리스트에 불과하다는 사실이다.

바이오머신에 대한 조사가 일단락되고, 이제 남은 마지막 목표는 사마르를 체포하고 김대한 박사를 구출하는 것. 그런데 경찰특공대와 CSI가 모여 회의를 하고 있을 때였다. 노크 소리와 함께 마르탱의 부하가 다급하게 들어와 말했다.

"특공대장님 호출입니다. CSI 단장님도 함께요."

"저도요?"

요리가 의아한 표정으로 되묻자, 부하가 대답했다.

"네. 빨리 가 보셔야 할 것 같습니다."

특공대장이 요리까지 부른다는 것은 분명히 뭔가 큰일이 일어났다는 뜻. 마르탱과 요리가 서둘러 특공대장 사무실로 가자, 특공대장은 자신의 컴퓨터 화면을 가리키며 말했다.

"사마르가 협박 메일을 보냈어."

협박 메일이라니! 그것도 프랑스 경찰특공대 대장에게? 요리와 마르탱은 얼른 메일 내용을 확인했다.

내일 밤 9시까지 700만 유로를 아래 비트코인 계좌로 보내라. 그렇지 않으면 사람들이 과학과 기술의 발전으로 인해 어떻게 목숨을 잃게 되는지 직접 목격하게 될 것이다. 그리고 마지막 호의로 바로 그 장소가 파리국립병원임을 알려 주지.

"파리국립병원이요?"

요리가 놀라서 묻자, 특공대장이 심각한 표정으로 대답했다.

"폭탄 테러를 벌이려는 게 분명해."

마르탱이 분노하며 말했다.

"마지막 발악을 하는군요."

아무런 죄가 없는 일반 시민들을 향해 테러를 벌이겠다니! 피에르까지 잡혀서 수사망이 점점 조여 오자 마지막으로 돈을 챙겨 도망가려는 것이 분명하다. 특공대장이 명령했다.

"두 팀이 협력해서 어떻게든 막아! 무고한 시민들이 희생되는 건 결단코 막아야 하네!"

경찰특공대가 계속 CSI의 수사력에 밀리자 어떻게든

경찰특공대가 공을 세우길 바랐던 특공대장. 하지만 이번 일은 체면을 따질 상황이 아니라고 판단한 것이다. 마르탱과 요리가 회의실로 돌아와 소식을 전하자, 모두 경악했다.

"병원을 테러한다고요? 정말 최악이네요."

마리가 분노하자 루이가 의문을 제기했다.

"사람들이 과학과 기술의 발전으로 인해 목숨을 잃는다? 대체 뭘 어떻게 하려는 걸까요?"

태산이가 의견을 말했다.

"신종 무기 같은 걸 이용해서 폭탄 테러를 벌이려는 거 아닐까요?"

그렇다면 정말 큰일이다. 빨리 막아야 한다. 그때 철민이가 의문을 제기했다.

"그런데 이상하네요. 왜 폭탄 테러를 벌일 장소를 미리 가르쳐 준 걸까요?"

폭탄 테러는 언제 어디서 터질지 모르기 때문에 더 공포스럽다. 테러범들이 노리는 것도 바로 그 점이다. 그런데 버젓이 장소를 가르쳐 준 이유가 뭘까? 루이가 깜짝 놀라며 소리쳤다.

"그럼 벌써 폭탄을 설치해 놓은 거 아닐까요?"

태산이가 고개를 갸웃하며 의견을 말했다.

"내일 밤 9시까지 돈을 보내라고 했잖아. 그 전에는 폭탄을 터뜨리지 않겠다는 건데, 그럼 그사이에 폭탄을 찾아내 제거하면 되는 거 아냐?"

마르탱이 벌떡 일어나며 말했다.

"이러고 있을 게 아니라, 일단 병원으로 가 보죠."

요리도 말했다.

"그래요. 폭발물 처리팀이랑 같이 가는 게 좋겠어요."

마르탱은 곧바로 폭발물 처리팀에 지원을 요청했다. 파리국립병원은 파리 중심부에 위치한 병상 700석 규모의 대형 병원이다. 입원 환자뿐 아니라 의사, 간호사, 보호자, 그리고 외래 환자까지 하루 평균 5000명 이상이 드나드는 곳. 거동이 불편하여 대피가 힘든 환자들도 많고, 잠시라도 치료가 중단되면 생명이 위태로운 환자들도 있으니, 이곳에서 폭탄 테러가 일어난다면 정말 끔찍한 상황이 벌어질 것이다.

마르탱의 연락을 받고, 병원장과 부원장 등 병원의 고위 관계자들이 회의실에 모였다. 마르탱이 사마르로부터 받은 메일을 공개하자 회의장 곳곳에서 비명과 탄식이 터져 나왔다.

"WC! 이 악랄한 테러리스트!"

"어떡해요? 우리 병원이 테러 대상이라니!"

병원장도 사색이 되어 소리쳤다.

"안 돼요! 막아야 돼요!"

마르탱이 장내를 조용히 시키더니 말했다.

"폭탄 테러를 우려해 경찰특공대 폭발물 처리팀이 곧바로 병원 전체에 대한 탐색을 실시할 예정입니다. 그리고 내일 밤 9시까지라고 했으니, 환자들을 안전하게 대피시킬 시간은 충분합니다."

그러자 부원장이 곤혹스러운 표정으로 말했다.

"그게 생각처럼 간단하지가 않아요. 입원 환자만 700명이에요. 그중 중환자도 100명이 넘고요. 갑자기 이 많은 환자들을 받아 줄 병원도 없고, 있다고 해도 내일까지는 다 이동시킬 수도 없어요."

"물론 테러를 막기 위해 저희는 모든 조치를 취할 것입니다. 하지만 사람 목숨이 달린 일이니만큼 최악의 상황을 대비해야 하지 않을까요?"

마르탱의 말에 사람들은 다시 웅성거렸다. 병원장은 잠시 생각하더니 관계자들에게 지시했다.

"다 같이 최선을 다해 봅시다. 어떻게든 환자는 살려야 되니까."

부원장이 물었다.

"이 사실을 환자와 보호자에게 알려야 될까요? 그것만으로도 엄청난 혼란이 올 텐데."

병원장이 굳은 표정으로 대답했다.

"안전과 관계된 일을 숨기면 안 되죠. 공개하는 게 옳아요."

병원에 경찰특공대가 들이닥친 것만으로도 벌써 병원 여기저기에 소문이 돌고 있을 텐데, 폭발물을 찾느라 병원 곳곳을 뒤지고 다니면 모를 사람이 어디 있겠는가.

잠시 후, 병원장은 직접 방송실로 가서 병원 직원들과 환자들, 보호자들에게 테러 위협이 있다는 사실을 알렸다.

병원은 순식간에 아수라장이 됐다. 환자와 보호자들은 당장 퇴원을 하겠다고, 또 치료를 중단할 수 없는 중증 환자들은 빨리 다른 병원으로 보내 달라고 난리였다. 병원장은 의사와 간호사들, 그리고 직원들에게 최대한 침착하게 환자와 보호자를 도울 것을 지시했다.

경찰특공대는 병원 곳곳에 배치돼 삼엄한 경비를 시작하고, 폭발물 처리팀은 폭탄을 찾기 위해 병원을 샅샅이 뒤졌다. CSI도 스마트 안경을 쓰고 병원 곳곳을 살폈다. 스마트 안경에는 금속 탐지기가 장착되어 있어 폭발물을 탐지하면 경고음을 울리며 위치를 가르쳐 준다. 긴장감 속에 대대적인 수색 작전이 펼쳐진 지 수 시간이 흘렀다. 그러나 불행인지 다행인지 폭발물은 발견되지 않았다.

교활한 사마르

삼엄한 경비 속에 긴 밤이 지나고, 병원은 이른 아침부터 환자를 이송하기 위한 구급차 사이렌 소리가 쉴 새 없이 울려 퍼졌다. 병원 회의실에서는 긴급회의가 열렸다. 먼저 마르탱이 물었다.

“현재 병원 상황은 어떤가요?”

부원장이 설명했다.

“외래 진료는 다 취소했고요, 퇴원이 가능한 환자들은 오전 내로 퇴원 조치했습니다. 다른 병원으로 이송 가능한 환자는 200여 명 정도인데, 병원 인력을 총동원해 이송하고 있습니다.”

철민이가 물었다.

“오늘 안에 가능할까요?”

“동원할 수 있는 구급차를 모두 동원하고 있는데, 가능할지 모르겠어요. 여하튼 최선을 다해야죠.”

이번에는 요리가 물었다.

“그럼 남은 환자는 얼마나 되죠?”

병원장이 근심스런 표정으로 대답했다.

“98명입니다. 집중 치료를 받아야 되는 중증 환자들이라 퇴원도 못 하고, 인근 병원도 만실이라 이송도 어려운 상황이죠.”

부원장이 덧붙였다.

"환자들뿐 아니라 가족들까지 모두 불안에 떨고 있어요. 폭탄이 안 나왔다니까 더 불안하다는 거죠."

"폭탄이 있는데도 못 찾아낸 건 아니겠죠?"

병원장의 물음에 마르탱이 대답했다.

"그건 아닙니다. 아직 폭발물을 설치하지 않은 게 확실합니다. 그리고 앞으로도 최선을 다해 막을 겁니다."

병원장이 힘주어 말했다.

"최선만 다해서는 안 되고 무조건 꼭 막아 주세요."

이제 남은 시간은 12시간. 도대체 사마르는 언제 어떻게 테러를 일으키겠다는 것인가. 철민이가 말을 꺼냈다.

"테러를 벌일 장소를 우리한테 가르쳐 준 게 아무래도 마음에 걸려요. 뭔가 다른 의도가 있는 것 아닐까요?"

철민이는 계속 그게 찜찜했다. '탐정계의 점쟁이'라 불리는 양철민. 철민이의 감으로는 사마르가 뭔가 다른 꿍꿍이가 있는 것만 같았다. 요리도 동의했다.

"맞아요. 병원 이름을 가르쳐 준 이유가 있을 거예요. 그걸 이용해 혼란을 일으키고, 위기감을 조성하려고 한 것은 아닐까요?"

부원장이 흥분한 어조로 물었다.

"폭탄 테러를 벌이겠다고 가짜 협박을 했다는 겁니까? 겁을 주어서 돈을 받아내려고?"

"아니요. 가짜 협박은 아닐 겁니다. 그런데 이제까지 사마르가 저지른 범죄 형태를 보면 기존의 테러와 좀 달랐거든요. 드론을 이용해 테러를 일으킨 것도 그렇고, 연구 자료 삭제 사건 때 3D 프린터로 만든 가면으로 얼굴 인식 시스템을 뚫은 것도 그렇고요."

요리의 말에 마리도 동의했다.

"맞아요. 자크를 살해하려고 신종 화학물질인 VX를 사용한 것도 그래요. 과학과 기술의 발전이 인류를 멸망의 길로 이끈다고 주장하면서 오히려 자신은 최첨단 과학 기술을 이용해 테러를 벌여 온 거죠. 그것도 아주 다양한 방법으로."

태산이도 말을 보탰다.

"저도 그렇게 생각해요. 가장 많이 일어나는 테러가 총기나 폭탄을 이용한 테러지만 사마르는 다른 방법을 쓸 것 같아요."

부원장이 초조해서 어쩔 줄 몰라 하며 물었다.

"그러니까 그게 무슨 테러냐고요?"

그런데 바로 그때였다. 병원 직원 한 명이 황급히 뛰어 들어오며 소리치는 것이었다.

"원장님, 큰일났어요!"

"폭탄이 터졌어?"

병원장과 부원장이 놀라 동시에 물었다. 직원은 숨을 헐떡이면서 손을 내저었다.

"아니요. 그게 아니라, 지금 병원 의료 시스템에 접속이 안 돼요."

"갑자기 왜?"

부원장이 다시 묻자, 직원은 거의 울먹이며 대답했다.

"모르겠어요. 10분 전부터 완전히 먹통이에요. 당장 환자들 이송하려면 진료 기록을 보내야 되는데 큰일이에요. 어쩌죠?"

병원장이 놀라 물었다.

"환자 투약 기록은?"

"하나도 안 떠요. 시스템이 모두 다운됐어요."

이건 또 무슨 일인가! 병원 의료 시스템에는 환자들에 관한 모든 의료 기록이 들어 있다. 병명이 무엇인지, 현재 상태가 어떤지, 어떤 약이나 주사 등으로 치료를 하고 있는지, 어떤 점을 주의 깊게 봐야 되는지 등등. 수많은 환자들의 상태를 의사나 간호사가 일일이 다 기억할 수 없으므로 계속 의료 시스템에 기록하고 그걸 확인해 치료를 진행하는 것이다. 그런데 시스템이 완전히 다운되어 버렸다니, 이를 어쩐단 말인가!

바로 그때, 루이가 갑자기 벌떡 일어나며 소리쳤다.

"알았어요! WC가 벌이려는 테러는 폭탄 테러가 아니라, 랜섬웨어 테러예요!"

마리가 의아한 표정으로 물었다.

"랜섬웨어라니?"

루이가 설명했다.

"랜섬(ransom)이 '몸값'이란 뜻이니까, 랜섬웨어는 몸값을 요구하는 악성 프로그램을 말해요. 해커가 다른 사람의 컴퓨터 시스템에 침입해서 저장된 파일을 암호화한 다음에 암호를 해제하는 조건으로 돈을 요구하는 거죠."

마르탱이 무릎을 치며 말했다.

"과학과 기술의 발전으로 목숨을 잃는다는 게 무슨 뜻인가 했더니……. 폭탄 테러가 아니라 의료 시스템 해킹을 말하는 거였군요!"

요리가 병원장에게 물었다.

"의료 시스템에 접속이 안 되면 어떤 일이 벌어지죠?"

병원장이 대답했다.

"정말 혼란스럽고 끔찍한 상황이 벌어질 거예요. 일단 환자에 대한 모든 자료가 없는 상태니까 당장 어떤 치료를 해야 되는지 알 수가 없죠. 의료진의 기억에는 한계가 있거든요. 정확한 치료를 할 수가 없는 거죠."

부원장이 말을 이었다.

"다시 검사를 한다고 해도 어차피 검사 장비들이 의료 시스템으로 데이터를 보내게 되어 있기 때문에 검사 결과를 기록하고 분석할 방법이 없어요."

루이가 말했다.

"예전에 랜섬웨어 공격을 받은 미국 할리우드장로병원이 열흘간 의료 시스템에 접속하지 못해서 큰 혼란을 겪다가 결국 해커에게 1만 7000달러를 지급하고 시스템을 복구한 적이 있었어요."

마리가 말을 이었다.

"이제 알겠어요. 병원 이름을 가르쳐 준 것은 우리가 폭탄 테러로 오해해 혼란을 일으키게 한 다음, 다시 랜섬웨어 테러를 일으켜 더 큰 혼란을 일으키려는 의도였던 거예요."

철민이가 분하다는 듯 말했다.

"결국 우리가 WC의 계략에 당한 거네요."

모두 약이 바짝 오른 표정. 그런데 바로 그때, 요리의 휴대전화에서 문자 알림음이 울렸다.

'혹시 사마르?'

요리가 얼른 확인해 보니 역시 사마르가 보낸 문자였다.

어때? 내 선물이 마음에 드나? 이제 곧 병원에서는 폭탄 테러보다 훨씬 더 끔찍한 일이 벌어질 것이다. 사람들을 구하고 싶으면 오늘 밤 9시를 넘기지 마라.

마리의 말대로 사마르는 자신이 보낸 메일을 보고 경찰특공대와 CSI가 어떻게 행동할지, 병원에 어떤 혼란이 일어날지 다 예상하고 계획했던 것. 뿐만 아니라, 이제 더 큰 혼란이 올 테니 빨리 돈을 보내라고 협박하고 있는 것이다. 자신의 목적을 위해서는 사람들의 목숨쯤은 아무렇지 않게 생각하는 사마르. 게다가 병들고 아픈 사람들을 볼모로 테러를 벌이다니 정말 교활하고 사악한 사람이다.

"랜섬웨어를 없애는 프로그램도 있지 않나요? 빨리 그걸 구해서 지워 버리면 되잖아요."

태산이의 말에 루이가 대답했다.

"복구 툴이 있긴 하지만 예전에 나온 랜섬웨어에만 통하는 것들이에요. 랜섬웨어는 계속 진화하고 있고, 종류가 많기 때문에 복구 툴을 만드는 게 쉽지 않아요. 시간도 많이 걸리고요. 해커에게 암호를 해제하는 키를 받는 게 가장 빠른 방법일 거예요."

마르탱이 심각한 표정으로 말했다.

"그럼 사마르에게 돈을 주고 암호 해제 키를 받거나, 의료 시스템을 포기하는 것. 둘 중 하나를 택할 수밖에 없다는 말이군."

병원장이 펄쩍 뛰며 말했다.

"의료 시스템을 포기할 수는 없어요!"

그렇다면 그 교활하고 사악한 사마르에게 돈을 줘야 한단 말인가! 절망적인 상황에 모두 한숨이 절로 나왔다.

IT기술의 발전으로 컴퓨터는 우리 생활에 없어서는 안 될 중요한 도구가 되었다. 그런데 이를 이용한 악성 범죄도 증가하고 있으니, 이것이 정말 WC가 말하는 과학과 기술의 발달이 가져오는 폐해란 말인가.

드롱 박사의 정체는?

그때 태산이가 의문을 제기했다.

"그런데 이상하네요. 병원 컴퓨터에 보안 프로그램이 깔려 있지 않나요? 국립병원의 시스템 보안이 꽤 철저할 텐데 어떻게 랜섬웨어가 침투한 거죠?"

"당연히 보안에 신경 쓰고 있죠. 컴퓨터 보안 업체에서 매주 나와서 보안 상태를 점검하고 있어요. 이틀 전에도 나와서 시스템을 점검하고 갔는걸요."

직원의 대답에 부원장이 답답한 표정으로 말했다.

"그런데도 WC에게 뚫린 거잖아요. 빨리 보안 업체를 불러서 복구든 뭐든 해 보라고 하세요."

그러자 직원이 대답했다.

"당연히 보안 업체에 전화부터 했죠. 그런데 전화를 안 받아요."

부원장이 다시 물었다.

"그건 또 무슨 소리예요? 왜 전화를 안 받아요?"

직원이 어쩔 줄 몰라 하며 대답했다.

"모르겠어요. 담당자도 안 받고, 회사 전화도 안 받아요. 3년 동안 거래하면서 한 번도 이런 적이 없었는데, 왜 하필 이럴 때 전화를 안 받는지……."

요리는 문득 생각나는 게 있어서 물었다.

"혹시 보안 회사 이름이 뭔가요?"

직원이 머뭇거리며 대답했다.

"에바 시스템 시큐릿이요."

순간, 마르탱과 요리가 놀란 표정으로 서로를 바라보았다. 철민이가 의아한 표정으로 물었다.

"왜들 그러세요?"

요리가 대답했다.

"드롱 박사 부인의 이름이 에바 드롱이야. 컴퓨터공학 박사이고, 에바 시스템 시큐릿이라는 회사를 운영하고 있어.”

사실 마르탱과 요리는 드롱 박사에 대해 은밀히 조사하고 있었다. 가족이나 친구들, 또 드롱 박사의 성향이나 성격 등에 대해서. 그러던 중 부인의 이름이 에바 드롱이며, 컴퓨터 보안 관련 회사를 운영하고 있다는 사실을 알아낸 것. 철민이가 의문을 제기했다.

“이 병원의 보안 시스템을 담당한 업체가 드롱 박사 부인의 회사다? 우연이라고 하기에는 너무 수상한데요.”

그렇다. 드롱 박사의 수상한 행동에 의심이 커지고 있는 상황인데, 이번 사건에서 난데없이 드롱 박사의 부인이 등장한 것이다. 요리가 마르탱에게 물었다.

"드롱 박사는 계속 주시하고 있는 거죠?"

"물론이죠."

요리는 단원들에게 명령했다.

"빨리 에바 시스템 시큐릿에 대해 알아봐."

철민이와 아이들은 곧바로 에바 드롱의 회사에 대한 조사를 시작했다. 병원장이 물었다.

"그럼 우리는 어떻게 해야 되는 건가요?"

마르탱이 대답했다.

"WC도 자신들이 노린 것이 병원 의료 시스템이라고 밝혔으니 폭탄 테러의 위험은 어느 정도 사라졌다고 볼 수 있습니다. 하지만 혹시 모르니까 최대한 철저하게 대비하겠습니다."

요리가 물었다.

"경찰특공대에 디지털포렌식팀이 있지 않나요?"

디지털포렌식이란 PC나 노트북, 휴대폰 등 각종 저장

매체 또는 인터넷상에 남아 있는 디지털 정보를 분석해 범죄 단서를 찾는 과학 수사 기법을 말한다. 마르탱이 대답했다.

"네. 당장 부를게요. 그런데 어쨌든 시간이 필요해요. 원장님, 얼마나 버틸 수 있을 것 같으세요?"

병원장이 대답했다.

"모르겠어요. 하지만 최선을 다하겠습니다."

그러더니 부원장과 직원에게 지시했다.

"일단 다른 병원으로 이송하기로 했던 환자들은 다 보내고, 남은 환자들은 의료진을 총동원해서 일대일 면담부터 합시다. 그동안 손으로 써 놓은 환자 기록 다 확보하고, 오늘 아침에 약 처방된 것 확인해서 최대한의 조치를 하도록 하세요."

병원 직원들은 분주히 움직이기 시작했다.

그사이 철민이와 아이들은 에바 시스템 시큐릿에 대해 조사했다. 드롱 박사의 부인인 에바 드롱이 대표로 있는 중소기업으로, 주로 병원이나 학교에 컴퓨터 보안 프로그램을 납품하는 회사였다. 규모는 크지 않지만 기술력이 좋은 회사로 알려져 있다는 것. 철민이와 아이들은 곧바로 회사를 찾아갔다. 그런데 사무실 문이 굳게 닫혀 있는 것이 아닌가. 건물 경비원에게 물었더니 황당한 답이 돌아왔다.

"그 회사 지난주에 폐업했어요."

철민이와 아이들은 어이가 없었다.

"잘나가는 회사가 왜 갑자기 폐업을 하죠? 그리고 폐업한 회사가 고객인 병원에도 알리지 않고 이틀 전까지 일을 했다는 게 말이 되나요?"

태산이 말처럼 정말 수상한 회사다. 병원으로 돌아와 요리와 마르탱에게 보고하자, 마르탱이 고개를 끄덕이며 말했다.

"에바 드롱은 병원 의료 시스템에 대해서도 잘 알 테니, 랜섬웨어를 만드는 건 식은 죽 먹기였을 거예요."

이틀 전 병원에 점검하러 왔었다니, 그때 오늘부터 작동하도록 랜섬웨어를 심어 놓고 간 것이 분명하다. 루이가 물었다.

"WC가 드롱 박사를 협박해 부인까지 테러에 끌어들인

걸까요?"

태산이가 고개를 갸웃하며 말했다.

"그보다는 드롱 박사가 WC와 직접적으로 관련이 있을 가능성이 큰 것 같아."

그러자 요리가 의미심장한 표정으로 말했다.

"만약 이 모든 걸 드롱 박사가 주도한 거라면?"

마리가 깜짝 놀라 소리쳤다.

"그럼 드롱 박사가 사마르란 말이에요?"

모두 충격에 빠졌다. 정말 드롱 박사가 사마르일까? 김대한 박사를 납치하고, 이 모든 테러를 주도한 인물이 드롱 박사일 수 있을까?

3장

김대한 박사를 구하라!

믿고 싶지 않은 사실

"말도 안 돼요. 어떻게 드롱 박사가 사마르일 수가 있어요?"

루이가 황당하다는 표정으로 말하자, 마리가 말했다.

"아니야, 말이 돼. 피에르가 WC의 알베르토라고 하니까 놀라긴 했지만 화는 안 내더라고. 배신감에 치를 떨 줄 알았는데 말이야. 이제야 그 이유를 알겠어."

철민이가 자신의 생각을 말했다.

"사실 피에르가 왜 WC에 매수당했는지, 아무리 돈 때문이라도 그렇지 어떻게 존경하던 김 박사를 납치하고 백신 기술을 팔아넘기고 드론 테러를 벌일 수 있었는지 궁금했거든. 그런데 드롱 박사가 사마르라고 가정한다면 앞뒤가 맞아. 드롱 박사와 함께 작당을 한 거지. 아니, 어쩌면 피에르가 협박을 당했을 수도 있어. 연구비를 빼돌린 것을 빌미로 말이야."

태산이가 의견을 냈다.

"피에르에게 확인해 보는 게 어떨까요?"

요리가 고개를 끄덕이며 말했다.

"그래, 그게 좋겠다."

모두 서둘러 경찰특공대 본청으로 이동했다. 요리와 마르탱이 특공대장을 만나 상황을 보고하는 동안, 철민이와 아이들은 피에르를 불러 다그쳤다.

"드롱 박사가 사마르 맞죠?"

철민이의 말에 소스라치게 놀라 말까지 더듬는 피에르.

"그, 그게 무슨 소리예요? 말도 안 되는……."

마리가 설득했다.

"조금의 양심이라도 남아 있다면 이제 진실을 말해 주세요. 사마르가 파리국립병원 의료 시스템에 랜섬웨어 공격을 하고 돈을 요구했어요."

"네? 정말이에요?"

피에르가 다시 깜짝 놀라며 물었다. 루이가 말했다.

"지금 병원은 난리가 났어요. 얼마나 많은 희생자가 생길지 모른다고요."

피에르는 괴로운 표정으로 한참 망설이더니 드디어 입을 열었다.

"맞아요. 드롱 박사가 사마르예요."

드롱 박사가 사마르라니! 어느 정도 예상은 했지만 피에르의 입으로 직접 들으니 모두 망치로 머리를 한 대씩 맞은 느낌. 정말 믿고 싶지 않지만 사실인 것이다. 태산이가 황당해하며 물었다.

"어떻게 그럴 수가! 왜요? 돈 때문인가요? 정말 돈 때문에 김 박사님을 납치하고, 테러를 일으킨 건가요?"

피에르가 대답했다.

"처음부터 돈이 목적은 아니었어요. 드롱 박사는 김대한 박사의 그늘에 가려 늘 2인자로 살아

왔어요. 그러다 보니 비뚤어지게 된 거죠."

드롱 박사는 김대한 박사의 천재성을 가장 먼저 알아본 친구였다. 그래서 먼저 다가가 친해졌고, 의기투합하여 연구소를 설립하고 연구도 함께했다. 하지만 아무리 노력해도 김대한 박사를 따라갈 수는 없었다. 특히 이번에 노벨상을 받으면서 드롱 박사가 공동 수상을 할 자격이 있는지에 대해 의견이 분분했다. 원로 과학자들 사이에서도 반대하는 사람들이 많았고, 소설가 줠 뒤마는 드롱 박사가 노벨상을 받는 것을 '다 차린 밥상에 숟가락

올리는 격'이라며 공개적으로 조롱했다는 것. 쥘 뒤마를 납치하려 했던 이유도 그 때문이었다는 것이다. 결국 오랫동안 쌓인 울분이 터져 극단적인 행동을 하기 시작했다는 것. 피에르가 말을 이었다.

"물론 돈도 목적 중 하나였죠. 연구 결과를 상업화하면 큰돈을 벌 수 있음에도 불구하고 김대한 박사는 과학자로서의 사명을 이야기하면서 항상 무료로 공개했거든요. 그래서 연구소는 적자에 시달렸고, 드롱 박사가 연구비를 지원받으러 다니느라 고생을 많이 했어요. 지금 살고 있는 집도 저당을 잡힌 걸로 알고 있어요."

"그렇다고 평생 함께한 친구를 납치하고, 무고한 사람을 볼모로 테러를 일으켜요?"

마리의 말에 피에르도 고개를 숙였다.

"나도 이렇게까지 할 줄은 몰랐어요. 드롱 박사는 정상이 아니에요. 질투와 자격지심 때문에 미치고 만 거예요."

태산이가 물었다.

"그런데 왜 지금까지 드롱 박사가 사마르인 것을 말하지 않았죠?"

피에르가 대답했다.

"그걸 말하면 김대한 박사가 위험해지기 때문이에요. 드롱 박사가 그렇게 협박했거든요. 내가 말하는 순간, 김 박사는 이 세상 사람이 아닐 거라고요."

철민이가 물었다.

"이번 일에 끼어들게 된 것도 드롱 박사의 협박 때문이었나요?"

"네. 협조하지 않으면 연구비 빼돌린 걸 세상에 알리는 것은 물론이고, 과학계에서 영원히 매장시켜 버릴 거라고 했어요. 하지만 협조하면 돈도 주고 교수 자리도 보장해 준다고 해서……."

처음에는 백신 제조 기술을 넘기는 것만 하는 줄 알았는데, 그것은 시작에 불과했다는 것. 그다음엔 김 박사를 납치하라고 하고, 연구 자료를 삭제하라고 하고, 드론 테러를 벌이게 하는 등 점점 더 나쁜 범행에 자신을 이용했다는 것이었다.

"빠져나오고 싶었지만 이미 늦은 뒤였어요."

피에르가 허탈한 표정으로 말했다. 마리가 물었다.

"김 박사님이 지금 어디 계신지 알아요?"

"그건 정말 몰라요. 드롱 박사가 절대 안 가르쳐 주더라고요."

김 박사를 납치해 생드니의 폐공장에서 드롱 박사에게 넘겨주었고, 그 후 어디로 데려갔는지는 모른다는 것. 루이가 벌떡 일어나며 말했다.

"당장 드롱 박사를 체포해야 돼요. 더 지체하다간 김 박사님을 죽일 수도 있어요."

철민이는 곧바로 특공대장 사무실로 가서 드롱 박사가 사마르임을 보고했다. 요리가 말했다.

"그럴 줄 알았어요. 정말 무서운 사람이에요."

마르탱도 말했다.

"어쩐지 수상하다 했어요."

특공대장이 명령했다.

"당장 드롱 박사를 체포해!"

그러나 요리는 반대했다.

"아직 안 됩니다. 병원 문제를 해결하는 게 더 급해요. 암호 해제 키를 먼저 받아야 됩니다."

마르탱도 동의했다.

"맞아요. 드롱 박사가 체포되면 계속 시간을 끌면서 암호 해제 키를 안 줄 수도 있어요. 그럼 환자들에게 어떤 일이 벌어질지 몰라요."

특공대장이 한숨을 쉬더니 물었다.

"그럼 뭘 어떻게 하겠다는 거야? 돈이라도 주겠다는 거야?"

"바로 그겁니다. 아무것도 모르는 척 돈을 주고 암호 해제 키를 받아 병원부터 정상화시켜야 해요."

마르탱의 말에 특공대장이 의문을 제기했다.

"그러다 돈만 받고 도망치면? 그럼 어떻게 할 건가?"

요리가 설득했다.

"그럴 위험성도 있긴 합니다. 하지만 사람 목숨이 가장 중요하지 않습니까? 지금으로서는 그 방법이 최선이라고 생각합니다. 드롱 박사는 저희가 끝까지 추격해 꼭 잡겠습니다."

난감한 표정의 특공대장. 잠시 생각하더니 결정을 내렸다.

"좋아. 비트코인 준비해 줄 테니까 책임져. 이번에 못 잡으면 마르탱 자네는 옷 벗을 각오하라고. 알지?"

"네. 압니다. 감사합니다."

마르탱이 인사했다. 과연 옳은 결정을 한 것일까? 돈을 주고 환자들을 구한 다음 드롱 박사를 잡을 수 있을까?

이제 남은 시간은 세 시간 남짓. 마르탱은 드롱 박사의 집으로 경찰특공대 대원들을 더 보내고, 이제까지 잠복을 하고 있던 형사들에게 드롱 박사가 집에 있는지 확인했다.

"어제부터 하루 종일 꼼짝도 안 하고 있지만 집에 있는 건 확실합니다."

이따금 불도 켜지고, 소리도 나고 했다는 것. 그렇다면 먼저 비트코인을 보내 암호 해제 키를 받은 다음, 곧바로 드롱 박사 부부를 체포하면 된다.

"드롱 박사가 눈치챈 건 아니겠죠?"

태산이가 괜히 불안한 마음이 들어 묻자, 요리가 대답했다.

"만만한 상대가 아니니 우리도 정신 바짝 차려야 해."

마르탱은 혹시나 드롱 박사 부부가 도주할 경우를 대비해 공항, 선착장, 기차역, 그리고 자동차를 이용해 넘을 수 있는 국경까지 삼엄한 경비를 명령했다.

저녁 8시. 경찰특공대와 CSI는 드롱 박사의 집 앞으로 속속 모여들었다. 불이 켜져 있는 것으로 봐서 아직 집에 있는 것 같은데, 이틀째 꼼짝하지 않고 있다는 말에 왠지 불안했다. 루이가 초조한 듯 말했다.

"도망가면 어떡해요? 그냥 지금 들어가면 안 돼요?"

마리가 침착하게 말했다.

"환자부터 살려야지."

그렇게 긴장감 속에 시간이 흐르고, 드디어 8시 55분. 특공대장이 700만 유로의 비트코인을 사마르가 지정한 전자 지갑으로 입금했다는 소식을 전했다. 사이버 수사대는 곧바로 비트코인이 어느 지갑으로 이체되는지 추적을 시작했다.

정각 9시. 요리의 휴대전화에서 다시 문자 알림음이 울렸다. 사마르, 아니, 드롱 박사의 문자였다.

약속대로 병원에 암호 해제 키를 보냈다. 그동안 내가 보여 준 것만으로도 과학과 기술의 발전이 어떻게 인류를 멸망의 길로 이끄는지 충분히 보고 느꼈을 것이다. 이것이 인류에게 교훈이 되길 바란다.

요리가 소리쳤다.

"암호 해제 키를 보냈대요! 확인해 보세요."

마르탱이 얼른 병원장에게 전화해 물었다.

"어떻게 됐어요? 암호 풀렸어요?"

"네, 방금 풀렸어요. 시스템이 정상화됐어요, 휴우."

돈만 받아 챙기고 암호 해제 키를 보내지 않으면 어떡하나 걱정했는데, 그래도 약속을 지켜 정말 다행이다. 그렇다면 이제 남은 건 드롱 박사를 체포하는 것이다.

비밀의 방

"자, 시작해 볼까요?"

마르탱이 말했다.

"그러죠. 자, 우리가 먼저 들어간다! 엄호해!"

요리가 명령을 내렸다. 마르탱과 요리가 앞장서고, CSI 단원들 그리고 경찰특공대가 엄호했다. 마르탱이 벨을 눌렀다. 그런데 아무 반응이 없었다. 다시 눌렀지만 마찬가지. 순간, 불길한 기운이 스쳤다.

마르탱이 눈짓하자, 경찰특공대가 순식간에 현관문을 부쉈다. CSI가 엄호하고, 마르탱과 요리가 총을 겨누고 들어가며 소리쳤다.

"경찰이다! 손 들어!"

하지만 집 안은 조용했다. 구석구석 전부 확인했지만

아무도 없었다.

"도망쳤나 봐요."

요리가 난감한 표정으로 말했다.

"잘 지키라고 했더니 다들 뭐 한 거야? 빨리 쫓아! 국경 다 막고 절대 빠져나가게 해서는 안 돼!"

마르탱이 부하들에게 고래고래 소리를 질렀다. 도대체 경찰특공대의 감시망을 어떻게 빠져나갔는지, 정말 신출귀몰한 드롱 박사! 돈을 가지고 도망쳤으니 꼭꼭 숨어 버리면 찾기 힘들 것이다. 그러니 빨리 잡아야 한다. 마르탱은 요리에게 증거 수집을 맡기고 부하들과 함께 쏜살같이 달려 나갔다.

요리는 마음이 착잡했다. 드롱 박사를 놓쳤으니, 이제 김대한 박사를 어떻게 찾는단 말인가.

"김 박사님 행방에 대한 단서가 될 만한 게 있는지 찾아봐. 빨리!"

CSI는 스마트 안경을 쓰고 집 안을 샅샅이 뒤졌다. 태산이가 전등과 전자기기들을 살펴보고 말했다.

"모두 다 사물인터넷으로 조종할 수 있게 되어 있어요."

최첨단 과학을 동원해 각종 테러를 벌인 드롱 박사가 사물인터넷을 이용해 경찰특공대를 속인 것은 그리 놀라운 일도 아니다. 그때 루이가 의문을 제기했다.

"대체 어디로 빠져나간 걸까요?"

아무리 집 안을 둘러봐도 외부로 빠져나갈 만한 곳이 없었다. 그런데 요리는 전에 왔을 때도 그랬지만 집 내부가 밖에서 본 것보다 좀 좁다는 생각이 들었다.

'어딘가에 보이지 않는 공간이 있는 것 같아.'

그때 마리가 거실 책장 근처로 가자, 스마트 안경에서 갑자기 경고음이 울리기 시작했다. 마리가 놀라 소리쳤다.

"여기 뭔가 있나 봐요!"

스마트 안경이 위험물을 인식하고 경고음을 울린 것이다. 다들 놀라 모여들자 각자의 스마트 안경에서도 경고음이 났다.

"책 사이에 숨겨 놓았나 봐요!"

태산이가 말하자, 요리가 고개를 갸웃했다.

"경고음이 미약한 걸로 봐서 벽 안쪽인 것 같은데."

그러더니 주먹으로 책장 옆 벽면을 두드리는 요리.

그런데 통통 울리는 소리가 나는 것이 아닌가. 요리가 말했다.

"벽 뒤가 비어 있어. 처음 이 집에 왔을 때 겉에서 보기보다 집 안이 비좁다는 생각이 들었거든. 이제 그 이유를 알았어."

철민이가 알아채고 물었다.

"그럼 이 벽 뒤에 비밀의 방이라도 있다는 말이에요?"

"그래. 어쩌면 저 안에 폭탄이 설치돼 경고음이 울린 걸지도 몰라."

요리의 말에 루이가 의문을 제기했다.

"우리가 올 줄 알았다면, 폭탄을 여기에 설치해야 되는 거 아닌가요?"

태산이가 놀란 표정으로 말했다.

"드롱 박사가 저 안에 숨어 있는 거 아냐?"

요리가 다급하게 명령했다.

"어쨌든 저 안으로 들어가야 해. 책장부터 치우자."

그런데 책장이 너무 크고 책이 많아 들 수가 없었다. 그래서 재빨리 책부터 빼내는데, 마리가 뭔가 발견하고 소리쳤다.

"여기 버튼이 있어요!"

책을 꺼낸 벽면에 작은 버튼이 하나 보였다.

"모두 뒤로 물러서."

요리의 말에 다들 한발 물러서서 경계 태세를 갖췄다. 요리가 버튼을 누르자, 덜컹 소리와 함께 책장이 스르륵 열렸다. 모두 초긴장 상태. 드롱 박사가 안에 숨어 있다면 어떤 공격을 할지 모르기 때문이다.

총을 겨누고 방 안으로 뛰어든 요리와 철민이. 그런데 어두컴컴한 방 한가운데 축 늘어진 사람 그림자가 보였다.

순간, 요리가 소리쳤다.

"김 박사님이야!"

모두 뛰어 들어가 보니, 김대한 박사가 정신을 잃은 채 의자에 묶여 있었다. 등잔 밑이 어둡다고 하더니, 그동안 드롱 박사의 집에 갇혀 있는 줄은 꿈에도 몰랐던 것이다. 드롱 박사는 이제까지 자신이 사마르인 걸 감쪽같이 속여 왔으니, 자신의 집이 가장 안전하다고 생각했을 것이다. 요리가 김 박사를 부르며 다가갔다.

"박사님, 김 박사님!"

그런데 바로 그때, 철민이가 잽싸게 요리를 붙잡으며 소리쳤다.

"시한폭탄이에요!"

정말 김 박사의 발에 시한폭탄이 묶여 있었다. 그래서 스마트 안경이 경고음을 울렸던 것. 태산이가 타이머를 보더니 다급히 소리쳤다.

"10분밖에 안 남았어요!"

그렇다면 폭발물 처리팀을

불러도 그 시간 안에 오는 것은 불가능하다. 이제 겨우 김 박사를 찾았는데, 이를 어쩐단 말인가!

"일단 박사님을 모시고 나가야 되지 않을까요?"

루이가 묻자 요리가 굳은 표정으로 대답했다.

"그건 안 돼. 움직임을 감지하는 폭탄일 수도 있어. 섣불리 움직였다간 터질지 몰라. 잠깐, 여기 번호 키가 있는데!"

폭탄 아래쪽에서 번호 키를 발견한 요리. 그렇다면 비밀번호를 누르면 멈출 수 있는 것일까? 루이가 사색이 되어 말했다.

"비밀번호를 모르는데 어떡해요?"

아무거나 눌렀다가는 오히려 터질 수도 있다. 이러지도 저러지도 못하는 상황.

마리와 태산이는 방 안 구석구석을 살폈다. 혹시 어딘가에 비밀번호를 알아낼 만한 단서가 있지는 않을까? 방 안에는 각종 문서와 책들이 쌓여 있고, 벽에는 그동안 드롱 박사가 벌인 사건들이 보도된 신문기사들이 붙어 있었다. 그런데 그중 종이 한 장이 마리의 눈에 띄었다.

"이것 좀 보세요! 무슨 편지 같은데 여기 CSI라고 적혀 있어요!"

드롱 박사가 CSI에게 남겨 놓은 편지였다. 루이가 얼른 읽고 해석했다.

CSI, 대단하군. 이 글을 읽고 있다면 김 박사를 찾아냈다는 뜻이니까 말이야. 하지만 시한폭탄을 김 박사에게서 섣불리 분리할 생각은 안 하는 게 좋아. 잘못 건드렸다간 폭탄이 터지고 말 테니까. 시한폭탄을 멈출 수 있는 방법은 비밀번호를 알아내 작동을 멈추게 하는 것뿐이야. 그러니 이쯤에서 포기하고 도망치는 게 좋을 거야. 자, 그럼 마지막 경고를 하지. 크리스퍼와 징크핑거 뉴클레이즈, 탈렌은 생태계를 파괴하고 인간 유전자를 조작해 결국 인류를 멸망의 길로 이끌 거야. 살아남길 바란다면 내 경고에 귀를 기울이길 바라네.

도망가면서까지 편지를 남겨 놓다니, 왜 이렇게 CSI를 의식하는 걸까? 요리는 드롱 박사가 편지를 남긴 이유가 분명히 있을 거라는 생각이 들었다.

"이런 편지를 굳이 뭐 하러 남겼겠어. 우리더러 비밀번호를 알아내라는 거잖아. 그렇다면 이 글 안에 암호가 있는 거 아닐까?"

요리의 말에 루이가 고개를 갸웃했다.

"숫자는 하나도 없는데요."

태산이가 당황스러운 표정으로 물었다.

"크리스퍼, 징크핑거? 과학자 이름인가?"

마리는 머릿속에 뭔가 떠오를 듯 말 듯했다.

'많이 들어 본 단어인데……. 과학자 이름은 아니고, 뭐더라?'

루이가 타이머를 보고 소리쳤다.

"어떡해요. 5분밖에 안 남았어요!"

요리는 이제 결정을 내려야 할 시간이라고 생각했다. 그래서 단호한 말투로 명령했다.

"강태산, 한마리, 너희는 루이 데리고 먼저 나가."

태산이가 펄쩍 뛰었다.

"아니에요. 저도 있을래요. 마리야, 루이 데리고 빨리 나가."

마리와 루이를 챙기는 태산이. 그러자 마리도 말했다.

"아니야. 네가 루이 데리고 나가."

루이는 솔직히 너무 무서워 온몸이 덜덜 떨렸다. 하지만 자신을 생각해 주는 선배들을 두고 혼자만 나갈 수는 없었다.

"저도 있을래요."

루이도 말했다. 요리가 소리쳤다.

"명령이야! 어서 나가!"

명령이란 말에 태산이가 루이를 잡아당기며 말했다.

"가자."

아이들은 너무 억울했다. 갖은 고생을 하면서 여기까지 왔는데, 이렇게 김 박사도 구하지 못하고 끝나는 것일까? 게다가 요리와 철민이의 목숨까지 위태로운 상황. 절체절명의 위기에 놓인 CSI, 과연 어떤 선택을 할 것인가?

폭탄을 멈춰라!

그런데 요리의 명령에도 마리는 꼼짝을 않고, 스마트폰으로 무언가를 찾고 있는 것이었다. 철민이가 다그쳤다.

"마리야, 뭐 해? 시간 없어. 빨리 나가."

그때였다. 마리가 큰 소리로 외쳤다.

"찾았어요! 크리스퍼, 징크핑거 뉴클레이즈, 탈렌. 유전자 가위를 말하는 거예요!"

태산이가 놀라 되물었다.

"유전자 가위?"

마리가 재빨리 설명했다.

"유전자 가위는 동식물 유전자에 결합해 특정 DNA 부위를 자르는 데 사용하는 인공 효소를 말해. 유전병 치료나 농작물 품질 개량에 유용하게 쓰이지만, 유전자 조작으로 생태계를 교란시킬 수 있다는 우려도 제기되고 있어."

루이가 눈을 반짝이며 물었다.

"그럼 그게 비밀번호를 풀 수 있는 암호예요?"

마리가 다급한 목소리로 대답했다.

“유전자 가위는 1, 2, 3세대가 존재하는데, 가장 최근에 개발된 3세대가 크리스퍼이고, 2세대가 탈렌, 1세대가 징크핑거 뉴클레이즈야. 그러니까 드롱 박사가 남긴 순서대로 숫자를 대입하면, 3세대, 1세대, 2세대가 되는 거지.”

태산이가 듣더니 고개를 끄덕였다.

"그럼 비밀번호가 312?"

철민이가 요리를 보고 물었다.

"어떡하죠?"

이제 남은 시간은 3분 남짓. 요리는 결정을 내렸다.

"내가 눌러 볼 테니까 다들 어서 나가."

철민이가 말했다.

"아니에요. 제가 누를게요."

요리가 버럭 소리쳤다.

"시간 없어. 빨리 나가!"

철민이는 할 수 없이 아이들을 데리고 뛰어나가며 소리쳤다.

"폭탄이다!"

그 소리는 밖에 있던 경찰특공대원들에게도 들렸다. 재빨리 몸을 피하는 대원들. 루이는 저도 모르게 눈물이 났다. 만약 비밀번호가 틀리다면, 요리와 김대한 박사는 어떻게 되는 것일까?

단원들이 안전하게 빠져나간 것을 확인하자, 요리는

시한폭탄의 번호 키를 누르기 위해 숨을 골랐다. 이제 남은 시간은 30초. 침착한 요리도 손이 덜덜 떨렸다. 비밀번호가 틀리다면 돌이킬 수 없는 일이 벌어질 것이다.

순간, 만감이 교차했다. 멀리 우주에 있는 남편, 혜성이가 생각났다. 부모님도 생각났다. 무엇보다 김 박사를 구해야 하는 자신의 임무가 떠올랐다. 요리는 간절한 마음으로 빌고 있었다.

'제발 임무를 완수하고 가족을 다시 만날 수 있게 해주세요.'

요리는 번호를 누르기 시작했다. 3, 1.

밖에서 기다리고 있는 철민이와 아이들도 심장이 타들어 가는 것 같았다. 찰나의 시간이 이렇게 끔찍하고 길게 느껴진 적은 없었다. 루이는 엉엉 울고 있었다.

"단장님, 단장님. 으허엉……."

마리도 철민이를 붙잡고 울부짖었다.

"그냥 나오시라고 해요. 제발요."

철민이도 그러고 싶었다. 하지만 요리가 김 박사를 두고 나올 사람이 아니라는 것을 너무도 잘 안다. 문득 혜

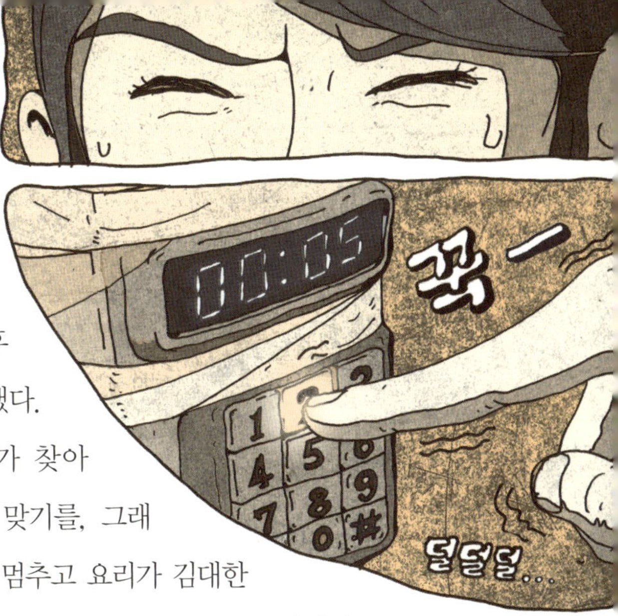

성 선배 생각이 나면서 자신이 남았어야 했다는 후회가 들기도 했다. 철민이는 마리가 찾아낸 비밀번호가 맞기를, 그래서 시한폭탄을 멈추고 요리가 김대한 박사를 무사히 구해 낼 수 있게 되기를 빌었다.

남은 시간은 5초. 요리는 마지막 번호 2를 누르고 눈을 질끈 감았다. 이제 하늘에 맡겨야 될 때다.

'사, 삼, 이, 일, 제로.'

숨소리마저 없이 정적이 흘렀다.

'안 터졌다!'

요리는 천천히 눈을 떴다. 시한폭탄이 멈춰 있었다. 비밀번호가 맞은 것이다! 요리는 온몸의 기운이 빠져 그 자리에 주저앉아 버렸다.

시간이 지났는데 조용하자, 밖에 있던 철민이와 아이

들은 잔뜩 긴장한 표정으로 서로를 쳐다봤다. 태산이가 조심스럽게 물었다.

"멈춘 거 맞죠?"

마리도 시간을 확인하더니 말했다.

"비밀번호가 맞았나 봐요."

다음 순간, 모두 환호성을 질렀다.

"해냈다, 해냈어!"

철민이가 아이들에게 말했다.

"너희들은 여기서 기다려. 내가 들어가 볼게."

아직은 위험하다고 판단한 것. 그런데 바로 그때, 요리가 달려 나오며 소리쳤다.

"빨리 구급차 불러!"

아이들은 너무 기뻐 번개같이 달려가 요리를 끌어안았다.

"단장님!"

"큰일 나는 줄 알았잖아요, 으흐흑."

루이는 울다가 웃다가 난리가 났다. 마리와 태산이도 기쁨의 눈물을 흘렸다.

철민이가 재빨리 구급차를 불렀다. 요리와 아이들은 다시 안으로 들어가 묶어 놓은 줄을 풀고 김 박사를 편안하게 눕혔다. 여전히 의식이 없는 김 박사. 마리가 물었다.

"외상은 전혀 없는데 왜 정신을 못 차리는 거죠?"

요리가 김 박사를 살피더니 말했다.

"아무래도 약을 먹인 것 같아. 빨리 구급차가 와야 될 텐데."

그때 태산이의 눈에 띄는 게 있었다. 비밀의 방 한쪽 벽에 무언가 검은 천으로 가려져 있는 것이었다. 얼른 가서 들추어 보니 뒷집 담으로 넘어갈 수 있는 창문이었다.

"여기로 도망갔나 봐요."

뒷집과 바로 붙어 있는 데다 감춰져 있는 공간이라 여태 발견하지 못했던 것이다. 드롱 박사는 자신이 사마르인 것이 밝혀지면 도망갈 구멍까지 미리 다 마련해 놓았던 것이다.

잠시 후, 구급차가 도착하고 김 박사는 병원으로 옮겨졌다. 응급실에 도착해 여러 가지 검사를 한 끝에 의사가 진단 결과를 말했다.

"수면제를 먹인 것 같아요. 지금은 가수면 상태예요."

요리가 물었다.

"생명에는 지장이 없는 건가요?"

"네. 체력이 많이 떨어져 있긴 하지만, 외상도 없고 양호한 상태입니다."

모두 함성을 질렀다.

"와!"

드디어 김대한 박사를 무사히 구출한 것이다. 요리가 아이들의 어깨를 두드리며 칭찬했다.

"모두 수고 많았어."

정말 다행이다. 하지만 아직 끝난 게 아니다. 도망친 드롱 박사를 잡아야 한다.

드롱 박사를 잡아라!

그때 마르탱에게서 전화가 왔다.

"드롱 박사 위치를 파악했어요."

"어딘데요?"

요리가 묻자, 마르탱이 대답했다.

"프랑스와 벨기에의 접경 지역인 릴에서 차량 검문 중에 목격됐는데, 도망쳐서 지금 추격 중이랍니다."

경찰이 신분증을 확인하려 다가가자, 차를 돌려 도망쳤다는 것. 루이가 말했다.

"릴이라면 파리에서 북쪽으로 220킬로미터 정도 떨어져 있는 도시예요."

태산이가 말했다.

“비트코인을 요구할 때부터 외국으로 도망칠 것 같더라고요.”

철민이가 말했다.

“그래도 국경을 넘기 전에 찾아내서 다행이네. 우리도 가 봐야 되지 않을까요?”

“김 박사님은 어떡하죠?”

마리가 걱정되는 표정으로 묻자, 요리가 대답했다.

“나성현 연구원한테 연락해 봐.”

철민이가 나성현에게 전화하자, 나성현이 급히 병원으로 달려왔다. 나성현이 물었다.

“김 박사님 괜찮으신 거죠?”

그런데 바로 그때 의사가 나오더니 말했다.

“박사님이 방금 깨어나셨습니다.”

모두 안도의 한숨을 쉬었다. 김 박사가 일반 병실로 옮겨지고, CSI와 나성현은 김 박사를 만나기 위해 병실로 들어갔다. 김 박사는 CSI를 보더니 어리둥절한 표정. 나성현이 소개했다.

"한국에서 박사님을 구하러 온 CSI예요."

CSI가 인사를 하자, 김 박사가 일일이 손을 잡으며 말했다.

"아! 저를 구해 주신 분들이군요. 감사합니다, 정말 감사합니다."

요리가 물었다.

"그동안 괜찮으셨어요?"

"마음이 몹시 괴로웠지만, 보시다시피 몸은 괜찮습니다. 다만 저 때문에 이렇게 큰일이 벌어져서 죄송할 따름입니다."

"무슨 말씀이세요. 박사님이 가장 큰 피해자이신데요."

철민이의 말에 김 박사는 고개를 저으며 대답했다.

"아닙니다. 이게 다 제가 부족해서 생긴 일입니다. 연구에 몰두하느라 사람들을 돌보지 못했어요. 드롱 박사는 가장 친한 친구이자 동료인데, 그가 어떤 생각을 하고 있는지, 어떤 마음을 먹고 있는지 전혀 몰랐어요. 다 제 잘못입니다."

드롱 박사에게 납치되어 갇혀 있으면서 김 박사는 그간 드롱 박사가 자신의 그늘 밑에서 얼마나 많은 괴로움을 겪었는지 알게 되었단다.

"세상을 상대로 복수하는 건 자신을 망가뜨릴 뿐이라고 말렸지만 소용이 없었어요."

김 박사의 표정에서 괴로움과 아픔, 그리고 미안함이 고스란히 느껴졌다. 김 박사가 CSI를 향해 물었다.

"드롱 박사는 어떻게 됐나요?"

"릴에서 도주 중이라고 합니다. 아직 국경을 넘지는 못했어요."

요리의 대답에 김 박사가 무언가 떠오른 듯 말했다.

"릴에서 도망을 쳤다면, 어쩌면 그곳에 갔을지도 모르겠네요."

요리가 물었다.

"그곳이 어딘데요?"

"아미앵이요. 수면제를 먹고 잠에 빠져들면서 드롱이 부인과 나누는 이야기를 언뜻 들었어요. 국경을 넘는 데 실패하면 아미앵으로 가자고."

루이가 덧붙였다.

"아미앵은 파리에서 북쪽으로 120킬로미터 떨어진 작은 도시예요. 릴과 파리의 중간쯤 되는 곳이죠."

요리는 곧바로 마르탱에게 전화해 정보를 전했다. 마르탱이 말했다.

"알겠습니다. 아미앵 경찰에 협조 요청하고 바로 출발하겠습니다."

요리가 얼른 말했다.

"저희도 합류할게요."

어느새 밤 12시가 넘은 시간. 하지만 CSI는 곧바로 아미앵으로 출발했다. 가는 길에 마리와 태산이, 루이는 깜박 잠이 들었다. 긴장 상태로 하루 종일 정신없이 뛰어다니느라 피곤했던 것.

두 시간쯤 후, CSI는 아미앵에 도착했다. 자고 있던 아이들은 덜컥 차 문 여는 소리에 잠이 깼다. 마르탱이 와 있었다. 요리가 물었다.

"찾았나요?"

마르탱이 대답했다.

"아직요. 하지만 아미앵 경찰이 드롱 박사가 타고 온 차를 발견했으니 곧 찾을 수 있을 겁니다. 차 번호가 노출되니까 외진 곳에 있는 공용주차장에 차를 버리고 갔더라고요."

그렇다면 아미앵에 있는 게 확실하다. 경찰특공대와 아미앵 경찰들이 여관, 호텔 등 숙박 시설을 샅샅이 뒤지고 있다는 것.

태산이가 의견을 말했다.

"이곳으로 오려고 했다면 머물 곳을 미리 마련해 두지 않았을까요?"

그렇다. 드롱 박사가 어떤 사람인데, 눈에 잘 띄는 호텔이나 여관에 들어갔을 리가 없다. 요리가 말했다.

"아미앵에서 최근 거래된 부동산 내역을 조사할 수 있나요?"

마르탱이 대답했다.

"바로 조사해 보겠습니다."

그렇게 수색이 계속되는 사이 날이 밝고, 마르탱이 좋은 소식을 가져왔다.

"최근 한 달간 거래된 부동산 중 외지인에게 팔린 것은 모두 세 건이에요."

요리가 물었다.

"그중에서 차를 버리고 간 지점과 가장 가까운 곳이 어디죠?"

마르탱이 지도에서 한 곳을 가리키며 말했다.

"여기예요. 아미앵 외곽에 있는 마을인데, 주로 외지인의 별장이 있는 곳이죠."

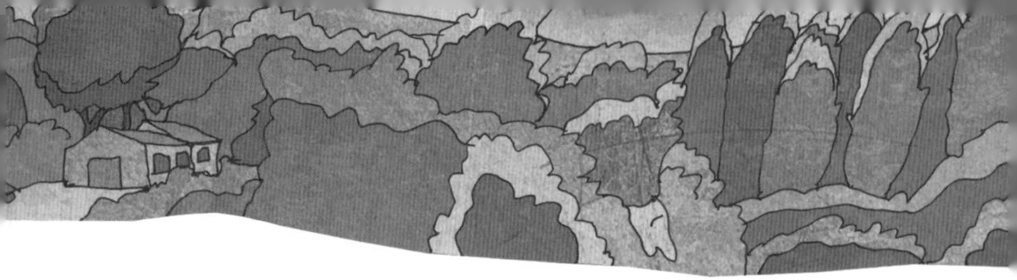

모두의 눈이 반짝했다. 한적한 시골 마을의 별장. 숨어 있기 딱 좋은 곳이다. 경찰특공대와 CSI는 곧바로 그 집으로 향했다.

마을 입구에서 한참을 들어가고도 작은 산길을 올라가서야 그 집을 찾을 수 있었다. 주변은 온통 숲으로 둘러싸여 있고, 다른 집들과도 멀리 떨어진 위치에 있었다. 경찰특공대가 잽싸게 집을 포위하고, CSI는 집으로 조심스럽게 접근했다. 철민이가 집 앞의 흙길에서 작은 흔적을 발견하고 말했다.

"트렁크 바퀴 자국이에요. 생긴 지 얼마 안 됐어요."

드롱 박사 부부가 집 안에 있는 게 확실하다. 다시 드롱 박사 검거 작전이 시작됐다. 경찰특공대와 CSI가 엄호하고, 요리와 마르탱이 앞장섰다. 초인종을 눌렀지만 이번에도 역시 아무 대답이 없었다. 경찰특공대가 순식간에 현관문을 부수고 요리와 마르탱이 안으로 진입했다.

이제는 말하지 않아도 손발이 척척 맞는 두 팀. 제대로 된 공조 수사를 하고 있는 것이다.

"경찰이다! 손 들고 나와!"

빈틈없이 경계를 하며 사방을 살피는데, 한 여자가 현관 쪽으로 기어 오면서 울부짖는 것이었다.

“사, 살려 줘요.”

드롱 박사의 부인 에바였다. 마리가 소리쳤다.

“VX예요!”

그러자 태산이가 거실을 가리키며 소리쳤다.

“저기 드롱 박사예요!”

드롱 박사도 거실 한가운데에서 고통스럽게 몸부림치고 있었다. 자크를 살해하려 할 때 썼던 VX로 부인과 함께 자살을 시도한 것이다. 마르탱이 소리쳤다.

“구급차 불러! 빨리!”

그사이 마르탱과 CSI는 자크 때와 마찬가지로 응급처치를 했다. 잠시 후, 구급차가 도착하고 드롱 박사와 부인은 병원으로 실려 갔다. 다행히 빨리 발견해 응급처치를 한 덕분에 목숨을 살릴 수 있었다. 마침내 드롱 박사, WC의 수장 사마르를 체포한 것이다.

다음 날, 드롱 박사와 부인은 파리로 압송되었다. 그리고 곧바로 드롱 박사에 대한 조사가 시작되었다. 마르탱이 물었다.

“김대한 박사를 납치, 감금한 것 인정합니까?”

“네, 인정합니다.”

드롱 박사가 담담한 표정으로 대답했다. 모든 것이 탄로 난 상황이니 부인해도 소용없다고 생각한 것이다.

“연구 자료 삭제 사건을 조작하고, 바이오머신에 백신 제조 기술을 판 것도 인정합니까?”

“네.”

“미셸에게 자크를 살해하라는 명령을 내린 것, 인정하시죠?”

“네, 인정합니다.”

“과학장관회의 때 피에르와 미셸에게 드론 테러를 벌이도록 사주한 것 맞죠?”

“맞습니다.”

“파리국립병원 의료 시스템에 랜섬웨어 공격을 벌인 것도 인정하시죠?”

“네.”

요리가 날카로운 눈빛으로 물었다.

"도대체 왜 이렇게 끔찍한 일들을 저지른 거죠?"

"세상이 먼저 나를 우습게 여겼어요. 나를 김 박사의 조수 정도로 생각했죠. 나 같은 놈은 노벨상을 받을 자격이 없다고 떠들어 대더군요. 세상에 복수하고 싶었어요. 내가 어떤 사람인지, 얼마나 대단한 사람인지 보여 주고 싶었어요. 하지만 아무리 최첨단 과학 기술이라도 지금처럼 무분별하게 사용하면 언젠가는 인류를 멸망의 길로 이끌 거라는 경고는 진심이었어요."

철민이가 단호하게 말했다.

"그렇다고 무고한 사람들을 상대로 테러를 벌인 게 정당화될 수는 없죠. 당신이 이제껏 한 일은 도저히 용서받을 수 없는 일이에요."

태산이도 거들었다.

"과학과 기술의 발전이 때로는 인류를 위험에 빠뜨리기도 하지만 그것은 사람들의 잘못된 선택 때문이에요."

마리도 한마디 했다.

"그렇기 때문에 과학자들은 늘 자신의 연구가 인류에 어떤 영향을 끼치는지 점검해야 하고, 그걸 사용하는 사람들도 어떻게 올바로 사용할지 고민해야 하는 거죠."

구구절절 옳은 말이다. 아이들의 따끔한 일침에 드롱 박사는 가만히 고개를 숙였다. 그렇게 CSI의 대활약으로 김대한 박사 납치 사건과 WC 테러 사건은 완벽하게 해결되었다.

마지막으로 요리가 물었다.

"그런데 왜 김 박사를 죽이지 않았나요? 편지 속에 비밀번호 암호를 남겨 둔 이유가 뭐죠? 우리가 김 박사를 구해 주길 바란 건가요?"

드롱 박사는 대답 대신 희미하게 웃었다. 평생 2인자로 살아오며 증오를 키웠지만 함께한 세월이 있으니 김 박사를 죽이지는 못했던 것일까? CSI라면 비밀번호를 알아내 김 박사를 구할 수 있을 거라 생각한 것은 아닐까?

에필로그

멋진 CSI 특별수사단

WC의 수장 사마르의 정체가 장 폴 드롱 박사였다는 것이 알려지자 온 세계가 들썩거렸다. 그리고 한 사람의 희생자도 없이 사마르를 체포하고, 김대한 박사를 구출했다는 사실에 프랑스 경찰특공대와 대한민국 CSI에 찬사가 쏟아졌다.

공 교장과 어 교감도 전화를 걸어 왔다. 먼저 공 교장이 말했다.

"모두 수고했어. 대통령께서도 칭찬 많이 하셨어."

어 교감도 신나서 떠들었다.

"돌아오면 대통령 표창 받을 거고, 모두 1계급씩 특진이야. 축하한다, 하하하!"

요리와 철민이, 아이들도 특별수사단으로서의 임무를 잘 마칠 수 있어서 정말 뿌듯했다.

다음 날, 요리와 철민이는 아이들을 아침 일찍 깨웠다.

"모두 10분 안에 준비하고 나오도록!"

마리가 깜짝 놀라 물었다.

"또 사건 터졌어요?"

철민이가 웃으며 대답했다.

"하하하, 사건은 무슨. 그동안 수고했으니 오늘은 마음껏 즐기라는 단장님의 지시다!"

"정말요? 야호!"

루이가 신나서 소리쳤다. 태산이와 마리도 신이 났다. 도착하자마자 쉴 새 없이 터지는 사건을 해결하느라 파리 구경은 꿈도 못 꿨기 때문이다. 이제 사건을 완벽하게 해결했으니 즐길 자격이 충분하다.

"제가 가이드 할게요."

루이가 나섰다. 일일 가이드가 된 루이의 안내로 노트르담 대성당, 에펠탑, 몽마르트 언덕, 그리고 루브르 박물관까지 하루 종일 돌아다녔다. 그래도 지치지 않으니 역시 노는 게 최고다.

그리고 저녁에는 마르탱을 만나 함께 식사를 했다.

"이제야 밥 한 끼 같이 먹게 되었군요."

마르탱이 여유로운 미소를 지으며 말했다. 요리가 감사 인사를 했다.

"그동안 정말 고마웠습니다. 팀장님 덕분에 수사를 무사히 마칠 수 있었어요."

마르탱이 손을 저으며 말했다.

"아닙니다. CSI 덕분에 이번 사건을 해결할 수 있었어요. 제가 감사드립니다."

철민이도 한마디 했다.

"제가 좀 버릇없이 굴었죠? 죄송해요."

마르탱이 껄껄 웃으며 말했다.

"하하, 저도 처음에는 좀팽이처럼 굴었는걸요."

"하하하!"

왁자지껄 웃음이 터졌다. 그렇게 화기애애하게 이야기를 나누며 식사를 하고 있는데, 한 번도 웃지 않는 사람이 있었으니, 바로 루이였다. 마리가 물었다.

"루이야, 왜 그래? 속이 안 좋아?"

루이가 대답했다.

"아, 아니요. 괜찮아요."

그러더니 자리에서 일어나며 말했다.

"저, 화장실 좀……."

루이가 자리를 뜨자, 태산이가 마리에게 눈짓으로 왜 그러냐고 물었다. 눈치 빠른 마리가 속삭였다.

"우리랑 헤어지는 게 서운해서 그러는 거지. 따라가 봐야겠다."

마리가 루이를 따라 나가려고 하자, 태산이가 얼른 일어났다.

"내가 가 볼게."

루이의 마음까지 신경 쓰다니, 태산이 참 많이 달라졌다. 화장실에 가 보니 루이는 벌써 눈시울이 빨개져 있었다. 태산이와 눈이 마주치자 얼른 고개를 돌리는 루이.

태산이가 손을 씻으며 툭 던지듯 말했다.

"우냐?"

루이가 손을 내저으며 말했다.

"우, 울긴 누가요."

태산이는 씩 웃더니, 종이 타월에 손을 닦고는 주머니에서 뭔가를 꺼내 루이에게 건넸다.

"선물이다."

"네? 선물이요?"

루이가 보니, 포장된 작은 상자였다. 태산이가 나가며 말했다.

"나중에 풀어 봐."

나중까지 어떻게 기다리겠는가. 지금 궁금한데. 루이는 재빨리 포장을 풀고 상자를 열었다. 상자 안에는 반짝 빛나는 것이 들어 있었다. 바로 '어린이 과학 형사대 CSI' 배지였다. 루이는 너무 좋아 저도 모르게 소리쳤다.

"우와!"

태산이는 어린이 형사학교 시절 자기가 늘 달고 다녔던 배지를 루이에게 선물한 것이다. 루이는 감격했다.

'태산 선배가 나를 인정해 줬어! 나를 어린이 과학 형사대 CSI로 인정해 준 거라고!'

루이는 좋아서 눈물이 나올 지경이었다. 그리고 가슴 깊은 곳에서 뭔가 끓어오르는 것이 느껴졌다.

* * *

저녁을 먹고 숙소로 돌아간 CSI는 모두 짐을 싸느라 바빴다. 다음 날 아침 일찍 한국으로 돌아가는 비행기를 타야 하기 때문이다. 그런데 철민이가 마리의 방문을 노크했다.

"네, 들어오세요."

철민이가 살짝 상기된 표정으로 물었다.

"짐은 다 쌌니?"

"네, 거의 다 쌌어요."

마리가 대답하자, 철민이는 불쑥 상자 하나를 내밀며 말했다.

"자, 이것도 같이 챙겨."

마리가 눈이 동그래져 물었다.

"이게 뭔데요?"

철민이가 뒤돌아 나가며 말했다.

"환전한 유로가 남아서 샀어. 별 거 아니야."

마리가 얼른 철민이를 불러 세웠다.

“팀장님, 아니 선배님!”

“어? 왜?”

“정말 고마워요. 저 아플 때 약도 사다 주시고, 레몬차도 타 주시고, 또 이런 선물까지 주셔서요.”

마리는 진작에 고맙다고 인사하고 싶었다. 그런데 정신없이 돌아가는 상황 속에서 미처 고마움을 표할 기회가 없었던 것.

“고맙긴. 당연한 일 갖고. 그, 그럼.”

철민이가 얼굴을 붉히며 손사래를 쳤다.

철민이가 나가고 마리는 상자를 열어 봤다. 상자 안에는 아까 낮에 루브르 박물관 기념품숍에 갔을 때 사고 싶어서 만지작거렸던 다이어리가 들어 있었다. 마리의 마음에 쏙 드는 디자인이었지만, 덜컥 사기에는 좀 비싸서 도로 놓았던 것. 철민이가 그 모습을 눈여겨보고 있다가 다이어리를 선물한 것이다.

처음에 마리는 철민이를 그저 장난기 많은 선배인 줄만 알았다. 함께 수사를 하면서부터는 철민이의 뛰어난 수사 감각이 부럽고 존경스러웠다. 그리고 늘 팀원들을 배려하며 챙겨 주는 철민이의 따뜻함에 참 좋은 사람이라는 생각이 들었다. 게다가 이런 선물까지 챙겨 주다니, 정말 고맙고 멋진 선배다.

사실 철민이는 고민을 많이 했다. 마리가 다이어리를 만지작거리는 걸 보고, 사 주고 싶었다. 그러나 행여 자신의 마음을 들킬까, 그러면 마리가 부담스러워하지 않을까 걱정이 됐다. 하지만 결국 다이어리를 샀고, 마리에게 주고 말았다. 좋아하는 마음은, 뭔가 해 주고 싶은 마음은 잘못이 아니니까.

* * *

다음 날 아침, 마르탱과 루이, 그리고 차 공사가 공항으로 배웅을 나왔다. 마르탱이 인사했다.

"정말 수고 많으셨습니다. 안녕히 가세요."

CSI도 인사했다.

"감사합니다. 또 뵀으면 좋겠네요."

"한국에 한번 오세요."

요리의 말에 마르탱이 활짝 웃었다.

"그럴게요. 저도 한국에 꼭 가 보고 싶습니다."

요리가 차 공사에게 인사했다.

"덕분에 잘 있다 갑니다. 감사합니다."

"별 말씀을요. 프랑스에서 CSI 인기가 하늘을 찌르잖아요. 덕분에 한국에 대한 관심도 아주 높아졌습니다. 제가 더 감사드립니다."

차 공사의 말에 요리가 웃으며 답했다.

"한국에 대한 관심이 높아졌다니, 잘됐네요. 그리고 정말 멋진 아드님을 두셨어요. 저희가 루이 덕을 톡톡히

봤습니다."

그러고는 루이의 어깨를 두드리며 칭찬했다.

"루이야, 넌 정말 훌륭한 인턴이었어. 알지?"

루이가 대답했다.

"그럼요, 알죠. 하하!"

어제의 우울함은 어느새 떨쳐 버리고 예전의 자신만만하고 해맑은 아이로 돌아온 루이. 철민이가 루이를 툭 치며 말했다.

"어제는 울상이더니 이제 완전히 차루이로 돌아왔네!"

"하하하!"

모두 웃음이 터졌다. 그런데 그때 루이가 불쑥 말했다.

"기다리세요. 저도 곧 한국에 갈 거예요."

마리가 놀라 물었다.

"정말?"

"네! 결심했어요. 한국에 가서 어린이 과학 형사대 CSI가 되기로. 이번에는 인턴 말고 진짜 CSI요."

차 공사가 놀란 표정으로 물었다.

"루이야, 언제 그런 결정을 했니?"

차 공사도 전혀 몰랐던 사실. 루이가 대답했다.

"어제요. 아빠도 허락해 주실 거죠?"

차 공사가 당황스런 표정으로 말했다.

"잠깐, 잠깐! 그렇게 쉽게 결정할 문제가 아니야. 일단 집에 가서 다시 얘기해 보자."

루이가 졸랐다.

"아빠, 제발요."

또 어린아이처럼 구는 루이. 그러자 태산이가 말했다.

"CSI가 되는 게 뭐 쉬운 줄 알아? 너 오면 어서 옵쇼 하고 받아 준대?"

"당연하죠! 특별수사단 인턴 출신이잖아요."

루이가 자신만만한 눈빛으로 말했다. 루이만이 갖고 있는 이 천진난만함과 자신만만함. 정말 미워할 수가 없다. 우여곡절도 많았지만 힘든 시간을 함께하는 동안 끈끈한 정이 쌓인 루이. 요리가 격려했다.

"그래, 한번 도전해 봐. 기대할게."

"네!"

루이가 공항이 쩌렁쩌렁하게 울릴 정도로 힘차게 대답

했다. 철민이가 휴대전화를 꺼내며 말했다.

"그러고 보니, 우리 함께 찍은 사진이 하나도 없네. 사진 한 장 찍을까?"

"네, 어서 찍어요!"

모두 모여서 찰칵! 우리나라 최초의 노벨상 수상자인 김대한 박사를 무사히 구해 내고, 최첨단 과학을 이용해 끔찍한 테러를 벌여 온 WC를 일망타진한 CSI 특별수사단! 그들에게 아낌없는 박수를 보낸다!

CSI
특별수사단

어린이 과학 형사대
CSI 특별수사단
테러범의 정체를 밝혀라!

초판 1쇄 인쇄 2018년 7월 30일
초판 1쇄 발행 2018년 8월 10일

글쓴이 고희정
그린이 김준영

펴 낸 곳 (주)가나문화콘텐츠
펴 낸 이 김남전
기획부장 유다형
기획·편집 김영남 이보라
디 자 인 정란 외주디자인 손성희
마 케 팅 정상원 한웅 정용민 김건우
경영관리 임종열 김다운

출판 등록 2002년 2월 15일 제10-2308호
주 소 경기도 고양시 덕양구 호원길 3-2
전 화 02-717-5494(편집부) 02-332-7755(관리부)
팩 스 02-324-9944
홈페이지 ganapub.com

ISBN 978-89-5736-967-8 (74810)
978-89-5736-958-6 (세트)

이 도서의 국립중앙도서관 출판시도서목록(CIP)은 서지정보유통지원시스템 홈페이지(http://seoji.nl.go.kr)와
국가자료공동목록시스템(http://www.nl.go.kr/kolisnet)에서 이용하실 수 있습니다.(CIP제어번호: CIP2018021888)

- 제조자명 : 가나출판사
- 주소 및 전화번호 : 경기도 고양시 덕양구 호원길 3-2 / 02-717-5494
- 제조연월 : 2018년 7월 30일
- 제조국명 : 대한민국
- 사용연령 : 4세 이상 어린이 제품